# Le Malheur français

Jacques Julliard

# Le Malheur français

*Café Voltaire*
Flammarion

© Éditions Flammarion, 2005.
ISBN : 2-08-068956-8

*La démocratie française
n'est pas fatiguée de mouvement,
elle est fatiguée d'immobilité.*

Jean Jaurès

# I

## UN PRINTEMPS POURRI

C'est le 6 juillet 2005, sur le coup de onze heures, que les Français, d'abord éberlués et très vite effondrés, apprirent de la bouche de Jacques Rogge, président du Comité international olympique, qu'ils n'étaient pas aimés. Ou plutôt qu'ils ne l'étaient plus. Et, surtout, qu'ils ne savaient plus séduire. Pour la troisième fois en vingt ans, le CIO retoquait la candidature de Paris à l'organisation des Jeux olympiques. Un coup pourtant immanquable, appuyé sur un dossier réputé parfait, avec lequel n'importe quelle ville au monde eût décroché les Jeux. Mais pas Paris ! Les Français eurent l'impression d'une profonde injustice, presque d'un complot. La dernière fois, il paraît qu'on avait voulu sanctionner notre arrogance. Cette fois-ci, on nous aurait fait payer notre modestie. Pour s'être insurgé, Bertrand Delanoë, le maire de Paris, pourtant mauvais perdant, s'envola dans les sondages.

À l'ampleur du traumatisme, on put mesurer la fragilité psychologique de la victime. Une France mal aimée. Une France malaisée, comme on dit dans mon pays, pour désigner les gens qui se sentent mal dans leur peau. Il était loin le temps où les petits Français apprenaient à l'école que tout homme a deux patries : la sienne et la France ; où Joséphine Baker chantait ses deux amours : son pays et Paris ! Entre-temps, le monde était devenu anglo-saxon. Et nos amis anglo-saxons ont toujours deux types d'adversaires : les leurs propres et Paris ! Depuis George W. Bush, ils ne s'en cachent guère. Ce n'est pas nouveau, mais nous en souffrons davantage. Pour comble de disgrâce, c'est Londres qui décrochait la timbale. Ce fut une grande journée d'humiliation nationale et il fallut, le lendemain, les horribles attentats de Londres pour que l'on se souvienne enfin, des deux côtés de la Manche, que les Jeux ne sont tout de même qu'un jeu ; que la vraie vie est ailleurs, et le vrai malheur aussi.

Laissons là le grand Barnum olympique, devenu le conservatoire bigarré de toutes les hypocrisies de la planète. La seule réplique à sa déconvenue, pour le pays de d'Artagnan, serait de faire à Londres dans sept ans, une telle razzia de médailles qu'elle fasse rentrer dans la gorge les ricanements de nos détracteurs, qui ne sont pas tous anglo-saxons.

Car la vérité va bien au-delà d'une blessure d'amour-propre, telle qu'on en reçoit de ses meilleurs amis. La vérité est que, dans ce pays fait pour la joie de vivre et l'art d'être heureux, le malheur s'est glissé tout doucement dans le logis. Oh ! Pas le malheur véritable, si l'on veut bien se rappeler qu'en Afrique des millions d'enfants naissent avec le sida, que Bagdad est chaque jour sous les bombes, que des journalistes du monde entier sont sous les verrous et qu'une partie de nos contemporains ne mange pas à sa faim.

*Frêle bonheur*

Tant pis, je maintiens le mot. Le seul malheur, c'est celui que l'on ressent, à tort ou à raison. Il y a bel et bien – c'est cela qui est nouveau – un malheur d'être français, comme il y eut pendant si longtemps un vrai bonheur de l'être, au point que Dieu lui-même, à ce que l'on disait, n'avait pas d'autre idée de la félicité que de s'y installer à demeure. France, qu'as-tu fait de ton bonheur de vivre ?

Je ne crois guère aux raisons des sociologues compassionnels, qui nous expliquent à longueur de colonnes et de tableaux pourquoi nous broyons du noir : les souffrances des chômeurs, les angoisses des salariés, les humiliations des immigrés et la précarité des intermittents du spectacle. Je n'ai garde de les oublier. Rappellerai-je pourtant que la France du passé, celle dont le nom rimait avec joie de vivre, connaissait des souffrances – on n'a pas craint de parler de « sous-France » – infiniment plus cruelles ? La malnutrition, la tuberculose, les taudis où l'on dormait, les journées de travail interminables, les femmes qui mouraient en couches et les nourrissons au berceau, les filles humiliées, les politiciens véreux, les journaux achetés par l'étranger, cela s'appelait la Belle Époque. Que l'on cite une autre période où les Français, les Français en masse ont mieux vécu qu'aujourd'hui. Certes, on ne donnait guère la parole aux mal-lotis, mais l'eût-on fait qu'aucun d'eux n'eût alors parlé du malheur d'être français. L'éclat de la France distrayait de la difficulté d'y vivre. La prospérité collective consolait de la lésine individuelle.

Mystification ? Autopersuasion ? Peut-être. Sans doute. Mais que pèse, quand il s'agit d'états aussi subjectifs que le bonheur ou le malheur, une analyse, si décapante soit-elle, contre la force de persuasion du vécu ? Les sentiments ne se démontrent pas ; ils s'éprouvent. Et les progrès dans nos conditions matérielles d'existence n'empêcheront pas un nombre croissant de Français de se sentir incompris, frustrés, menacés et, pour le dire en un mot, malheureux. Ce n'est pas avec un peuple aussi mécontent de son sort que l'on fait les soldats de l'an II, les hussards noirs de la République ou les poilus de 14-18. Aucun de ceux-là ne vivait dans l'abondance, ni dans la sécurité du lendemain. Les soldats de l'an II n'en étaient pas moins convaincus qu'en combattant pour la patrie ils allaient apporter la liberté à l'Europe entière. Les instituteurs de Jules Ferry étaient persuadés que l'éducation des Français concourait au progrès du monde ; les poilus de 1914 ne doutaient pas que la guerre qu'ils menaient fût celle du droit et de la civilisation.

Je ne suis pas assez naïf ni assez démuni de sens historique pour imaginer que les héros du passé vivaient dans l'exultation permanente et les grands sentiments. Les poilus piétinaient dans la boue et les instituteurs dans la grisaille du quotidien. Aussi bien les raisons de vivre affleurent-elles rarement à la surface de la conscience ; et l'inconscient collectif est encore plus mystérieux que l'inconscient individuel.

Notre inconscient collectif est aujourd'hui si différent de celui du passé qu'il y a, je le sens bien, une forme d'inconvenance à évoquer ce dernier. Et même d'obscénité. Depuis que le sens de l'obscène s'est déplacé du sexe vers la mort et vers les sentiments moraux, il est devenu presque impossible de parler des hommes du passé comme de nos ancêtres ; entre eux et nous est tombé le rideau de Nylon de la modernité qui abolit toute participation de l'individu à la conscience nationale. Sauf dans le sport ; d'où l'importance symbolique considérable, envahissante, aux franges du ridicule, que nous accordons tous à un match de football, même quand nous ne savons pas distinguer un penalty d'un corner. Ce patriotisme sportif n'est d'ailleurs pas très bon signe : il nous rapproche des pays sous-développés et nous éloigne des plus modernes. La passion de l'exploit national est plus forte au Brésil qu'aux États-Unis. Ayrton Senna a été gratifié d'une grande autoroute à São Paulo ; mais non Mohamed Ali ni Carl Lewis à Los Angeles.

*La pantalonnade de Pentecôte*

Considérons maintenant le printemps pourri que nous venons de vivre en 2005. Il va du fiasco du lundi de Pentecôte au profit des vieux jusqu'à la douche froide des Jeux olympiques en passant par l'événement central que fut le non d'une majorité de Français à une Constitution européenne voulue et élaborée par la France. Événement purement intérieur en somme, qui vit le peuple désavouer de façon cinglante l'ensemble de ses élites. On trouve dans ce psychodrame national la plupart des figures de ce que j'appelle le malheur français : l'individualisme, le découragement et, pour finir, le renoncement. L'affaire du lundi de Pentecôte fut un signe avant-coureur qui me glaça les sangs.

À qui voudra demain tenter de comprendre ce moment historique où la France a paru renoncer à son destin ; analyser ce mouvement intérieur par lequel le naufragé finit par lâcher la planche à laquelle depuis des heures il s'accrochait, l'affaire de la canicule offrira un cas d'école idéal. La surmortalité des personnes âgées (environ 15 000) durant l'été 2003 est un fait démontré ; les causes d'un tel phénomène sont plus douteuses. J'ai interrogé des habitants des zones tropicales où les températures de l'été oscillent régulièrement entre 30 et 40 °C : ils ne connaissent rien de semblable. Chez nos voisins des régions tempérées, même constat : l'hécatombe de l'été 2003 reste une exception française. Il n'y a pourtant ni salles climatisées ni brumisateur à Saint-Domingue, à Bombay ou au Burkina Faso ; pas non plus de décès en masse des vieilles personnes.

Tout invitait donc à s'interroger, au risque de réponses douloureuses. Après un moment de stupeur et d'hésitation, c'est pourtant la vieille balançoire nationale, parfait alibi de toutes nos lâchetés, qui se remit en marche. Mais oui, bien sûr, c'était la faute au gouvernement ! Tandis que nos dignes ancêtres agonisaient dans des maisons de repos surchauffées, Raffarin et ses ministres se prélassaient sur les plages ! Fussent-ils demeurés à Matignon et dans leurs ministères que tout fût rentré dans l'ordre ; le gouvernement à Paris, c'est le ventilateur national en place : quelle bouffée de fraîcheur pour nos anciens ! Chacun sait que chez nous le gouvernement est la forme laïcisée de la Providence ; or, cette année-là, la Providence était en vacances et les dieux étaient tombés sur la tête.

Ces explications magiques, dignes de tribus primitives, parfois authentifiées par des scientifiques eux-mêmes, présentaient le double avantage d'éviter de s'interroger sur le statut des vieux dans les sociétés dites avancées et sur notre comportement, à nous les Français, devant la situation qui leur est faite.

On ne dira rien de la barbare tripartition fonctionnelle que le productivisme capitaliste impose au corps social tout entier : les jeunes à l'école, les adultes à l'usine ou au bureau, les vieillards à la casse ! Dans les sociétés préindustrielles, on ne parque pas les vieux dans les mouroirs, on ne les abandonne pas l'été dans la solitude d'une soupente surchauffée. La famille reste un système à trois générations : grands-parents, parents, enfants. Le logement moderne a interdit cela. La famille à deux générations, bouillon de culture de l'incommunication et de l'égoïsme moderne, s'est généralisée. Les vieux n'y ont plus leur place. À cette barbarie systémique la France ajoute son culte effréné des vacances et des résidences secondaires, véritable Moloch souriant qui dévore les plus faibles, à commencer par les vieillards. Dès le mois de juin, la grande question qui agite les repas de famille est de savoir que faire des animaux domestiques et des vieux pendant l'été. On en a vu abandonnés sur les aires d'autoroute : je ne parle pas ici seulement des chiens et des chats.

Tout porte à croire que lorsqu'il fait chaud ce n'est pas seulement de chaleur que l'on meurt, c'est de solitude, c'est d'abandon. Mais il fut vite entendu que la question ne serait pas posée. L'histoire, pourtant, ne s'arrête pas là. Le scandale des 15 000 morts supplémentaires ou prématurés fut tel qu'il fallait faire quelque chose. À défaut de réformer les mœurs, on décida donc de moderniser les asiles. Pour cela, il fallait de l'argent. Quelqu'un eut l'idée d'une journée de solidarité, à l'exemple de ce qui se pratique dans d'autres pays. Une loi fut alors votée sans grands débats par le Parlement.

Mais quand il s'agit de fixer le jour où s'exercerait cette solidarité avec les plus âgés, la mêlée fut générale. Les incertitudes et les contradictions du gouvernement firent le reste. La sacralité se déplaça. Désormais, il n'était plus du tout question des vieillards, mais bien de la conservation des avantages acquis. Ce n'est pas l'Église, comme on eût pu s'y attendre, qui se chargea de défendre le lundi de Pentecôte, ce fut la CGT et le parti communiste, ce fut Force ouvrière. On fit Fort Chabrol autour de cet étrange lendemain de fête que la France est seule à honorer ; les offices de tourisme s'en mêlèrent ; les drapeaux de la Commune de Paris et les grandes heures du mouvement ouvrier couvrirent de leur héroïsme passé cette pantalonnade corporative.

Quand vint le jour fatidique, ce lundi de solidarité nationale qui devait rapporter des milliards pour nos têtes blanches, la France du travail se mit en grève, à commencer par les fonctionnaires, rappelant opportunément que leur travail ne produit pas de plus-value, et que de toute façon leur contribution à l'effort commun était nécessairement nulle. Ce blanc-manteau de grèves qui recouvrit soudain la France post-pentecôtiste donna la mesure de ce qu'était devenu le lien national en ce début de XXI$^e$ siècle.

Bien entendu, personne ne refusait ouvertement l'effort de solidarité demandé. Mais chacun regardait dans le porte-monnaie du voisin. Et, de fait, le gouvernement Raffarin n'avait pas cru utile d'inviter les plus aisés à payer leur écot. Ni les patrons, ni les professions libérales, ni les commerçants, ni les artisans n'étaient concernés par la mesure. Inadmissible exception. La conclusion, c'est que chacun était d'accord pour une aide aux anciens, mais « autrement ».

« Autrement ! » est devenu aujourd'hui le mot de passe de toutes les dérobades, de toutes les impostures. Personne n'est hostile à l'idée de construire l'Europe, mais autrement. Personne n'est hostile à la répression des chauffards, mais autrement. En un mot, personne n'entend se soustraire à ses devoirs de citoyens, mais autrement. À l'ère du moralisme sans obligation ni sanction, « autrement » est la forme enfin trouvée de l'égoïsme individuel ; c'est la version moderne du rasage gratis du lendemain, qui concilie le socialement correct avec la somme de nos petits arrangements individuels. Il dispense de tout engagement, exonère de toute culpabilité. *Ecce qui tollit peccata mundi.*

On n'avait encore rien vu. Moins de quinze jours après ce mémorable lundi de Pentecôte eut lieu le référendum du 29 mai 2005 qui a quelque chance de passer à la postérité comme le jour où la France divergea. Où elle se détourna d'un dessein qui avait pourtant fédéré en une ambition commune des hommes aussi différents que Jean Monnet et Robert Schuman, Charles de Gaulle et Valéry Giscard d'Estaing, François Mitterrand et Jacques Chirac. Ce fut un moment – je parle ici de la campagne référendaire – d'intense activité démocratique ainsi que d'escamotage de la question posée au profit de celles qu'on aurait voulu voir à sa place. En ignorant les résultats négatifs des trois précédentes consultations électorales, qui avaient vu la gauche triompher, Jacques Chirac avait cueilli les verges pour se faire battre.

## L'Europe en otage

Un mauvais choix de la date, un mauvais *timing* comme on dit, fit le reste. C'était une folle imprudence que de laisser s'écouler près d'un an entre l'annonce du référendum et le jour du scrutin. La question européenne devint ainsi le déversoir de toutes les frustrations et de toutes les colères. Quand il annonçait une consultation référendaire, de Gaulle avait l'habitude de brusquer les choses. Eût-il agi ainsi que Chirac eût probablement gagné son pari. Eût-il, en outre, changé son Premier ministre avant le scrutin et non après, qu'il eût, à coup sûr, bénéficié de l'expectative bienveillante d'une partie des électeurs. Choisissant mal son moment, à la différence d'un François Mitterrand passé maître dans le maniement de la chronologie, le président de la République se condamnait à l'équation : Chirac + Europe = non.

Mais le grand refus de l'Europe, après le petit refus de la Pentecôte, plongeait ses racines plus en profondeur. Depuis des mois, des années même, les Français s'étaient accoutumés à repousser systématiquement toute espèce de réforme. Les salariés refusaient celle des retraites, les Corses le projet Sarkozy, les lycéens la loi Fillon, les avocats la loi Perben, les médecins la loi Douste-Blazy, les syndicats la réforme du Code du travail. Il eût été étonnant dans ces conditions que les Français acceptent un projet de Constitution nouvelle pour l'Europe. Longtemps, l'esprit révolutionnaire s'était identifié à la novation (*res novae*, comme disaient les Latins) ; désormais, il s'apparentait à la résistance au changement. On tâchera plus loin de comprendre pourquoi. Qu'il nous suffise, pour le moment, de noter que, depuis 1989, à l'occasion du deuxième centenaire de la Révolution française et de la chute du mur de Berlin, le monde penchait à droite. La gauche ne se reconnaissait plus dans ce cours nouveau, tandis que la droite se refusait à toute limitation de ses avantages. L'immobilité constituait le seul point d'accord de toutes les classes sociales ; l'espace public devenait totalement négatif. « Ô Temps, suspends ton vol ! » : c'est le vœu de tous les amoureux, mais aussi de tous les réactionnaires. Désormais, le désir d'arrêter le temps servait aux Français de lien social.

L'état d'esprit des partisans du non se pouvait résumer dans les quatre propositions suivantes.

— À bas le monde extérieur !
— À bas l'abolition du statu quo !
— À bas tout ce qui est en haut !
— À bas le gouvernement, vive l'État !

Dénégation du monde extérieur, immobilisme,

populisme anti-élites, anarcho-étatisme : tout cela sur fond de hargne et de mauvaise humeur.

La campagne référendaire du printemps, dont l'affaire du lundi de Pentecôte n'était en réalité qu'une péripétie, atteignit d'emblée un niveau de violence inconnu en France depuis longtemps. Grâce au courrier électronique et aux blogs, la participation populaire fut vigoureuse et spontanée. Nombre de citoyens de toutes origines et de toutes classes, qui n'avaient jusqu'alors accordé qu'une attention distraite aux affaires européennes, comme en témoignent les scrutins précédents, se jetèrent sur le texte de la Constitution, le flairèrent sous toutes ses faces, puis le décortiquèrent avec ardeur. Chacun jetait son dévolu sur un article, un membre de phrase, parfois un adjectif, qui était censé suffire, à lui seul, pour démontrer la nocivité de l'ensemble ou pour révéler les intentions cachées d'une diabolique camarilla européenne.

On se persuadait que les auteurs du projet, toutes tendances confondues, et animés du même esprit de domination et de tromperie, s'étaient entendus pour semer le texte de chausse-trapes et de détours qui leur eussent permis, du jour au lendemain, de gouverner l'Europe à leur guise, contre le gré des peuples. Ce n'était plus à un document juridique destiné à donner à l'Union des institutions plus efficaces que l'on avait à faire, mais à un texte crypté, digne du *Da Vinci Code*, destiné à livrer la démocratie européenne à un complot synarchique d'un genre nouveau.

Car c'est bien entendu chez les opposants que l'ardeur et l'imagination furent à leur comble. Les souverainistes voyaient dans le texte une atteinte mortelle à l'indépendance nationale ; les socialistes, un plongeon sans retour dans le libéralisme ; les ennemis de l'Amérique, une profession de foi atlantiste ; les féministes, une menace contre le droit à l'avortement ; les laïques, la voie tracée vers le cléricalisme ; les islamophobes, les vannes grandes ouvertes, via la question turque, à l'immigration ; les instituteurs et les postiers, la fin des services publics ; les agriculteurs, la capitulation devant la concurrence est-européenne ; les salariés, l'aggravation du chômage grâce à l'afflux de la main-d'œuvre étrangère. Il n'était pas une seule catégorie sociale qui ne trouvât dans le projet la main de son plus mortel ennemi.

Oserai-je parler de paranoïa ? On me fera remarquer que cette suspicion et ce délire, à supposer qu'ils aient été tels que je les décris, ont reçu l'onction du suffrage universel. Erreurs en deçà du scrutin, vérité au-delà. Des lecteurs du *Nouvel Observateur* m'ont écrit pour nous sommer, mes camarades et moi, de reconnaître nos fautes et de nous amender. Mais depuis quand le suffrage universel serait-il en démocratie signe infaillible de vérité, au point d'exiger de la minorité qu'elle fasse son autocritique et qu'elle abjure ses croyances ? Il n'en est heureusement rien : le seul devoir d'un démocrate mis en minorité devant le suffrage universel est de s'incliner, de reconnaître de bonne grâce que le verdict des urnes, comme l'on dit, est devenu la règle de tous. Pas question d'exiger de lui qu'il renonce à ses idées. N'importe : une vision essentialiste, totalitaire, de la démocratie tend à se répandre, qui voudrait faire des résultats du vote une règle morale, là où n'existe qu'une convention politique destinée à régler les différends et à choisir les orientations sans recourir à la guerre civile. Le populisme, c'est cela : l'identification du peuple, ou plutôt de la majorité, à la vérité elle-même. Autrement dit, le traitement purement politique de questions qui touchent à la morale et à la vérité.

Revenons au référendum. Inspiré par la peur du lendemain et la haine d'un ennemi introuvable, le soupçon, comme dans toutes les périodes troubles, se répandait et coulait dans toutes les veines de la société. Quelque chose comme une Grand-peur sociale. Il y avait contre la France un complot de l'étranger. Ce n'était pas le moment de baisser la garde. Il fallait résister à l'envahisseur américain, turc, polonais. Sans parler des eurocrates de Bruxelles qui prétendaient dicter leur loi à notre pays !

Désormais, le monde extérieur appartenait tout entier à l'empire du fantasme. À l'égard de la France, il était menaçant, hostile. À la place de la satanique Constitution, on ne craignait pas de faire miroiter la perspective d'une Europe des peuples devenue tout à coup unanime et fraternelle, toute disposée à renverser la tyrannie de Bruxelles et les noirs complots de ses fonctionnaires. Ce conte bleu ne dura que l'espace d'un scrutin ; le temps de se débarrasser de la seule Europe qui existât ; assez cependant pour habiller de rose le vide abyssal ouvert par la perspective du non. Dès le lendemain du vote, il n'en fut plus question : plus de « plan B », plus de négociation, plus d'internationalisme européen à mobiliser contre les eurocrates. Les leaders du non décrétèrent qu'il était temps de se consacrer à l'élection présidentielle de 2007. À qui s'étonnerait d'un tel électoralisme chez ces cavaliers de l'Absolu on fera remarquer que l'élan révolutionnaire ne met nullement à l'abri des pires mesquineries de l'esprit politicien, et que Lénine, avant de flanquer l'Europe sens dessus dessous, avait passé son temps dans des combinaisons partisanes et des scissions d'arrière-salles de bistrot.

À bas le monde extérieur, donc. La France en ce début de siècle était devenue l'empire du Milieu au cœur de sa décadence, et le référendum de la fin mai une sorte de guerre des Boxers contre les incursions de l'impérialisme étranger.

Le besoin de se protéger contre les barbares se conjugua avec un véritable misonéisme, comme on disait jadis, c'est-à-dire avec une véritable haine du changement, à gauche notamment. Dans *L'Horreur économique*, un titre qui fit grand bruit, Viviane Forrester n'était-elle pas allée naguère jusqu'à regretter le patron de jadis, avec son estomac avantageux, son coffre-fort et son gros cigare, qui figurait au moins un adversaire identifiable, un ennemi que l'on pût haïr, au lieu de cette insaisissable entité moderne que l'on nomme mondialisation ? En écrivant *Germinal*, Zola ne se doutait pas qu'il décrivait une sorte d'âge d'or de la misère moderne, avec ses souffrances certes, mais aussi ses petits bonheurs du quotidien, dans un cadre devenu familier et presque rassurant à force d'avoir été fécondé par la sueur et les larmes.

Ce qui sortait de ce référendum, ce n'était pas le fameux « il faut que tout change afin que tout soit comme avant » du *Guépard*, c'était en somme : « Il faut que rien ne change, afin que tout soit le moins mal possible. » Le travail, le salaire, le cadre de vie, les relations entre les hommes et les formes éternelles de l'exploitation. Une bande de démons familiers est cent fois moins inquiétante qu'un seul diable étranger.

## L'immobilisme est en marche

C'est tout le fondement historique et philosophique de la gauche qui se trouvait ruiné par cette vision romantique et passéiste de la société capitaliste. Historiquement, qu'est-ce donc que la gauche ? L'alliance des savants et des prolétaires ou, si l'on préfère, du progrès scientifique et de la justice sociale. D'Auguste Comte à Marx, de Jaurès à Kautsky, les penseurs les plus divers n'avaient pas dit autre chose. Désormais, il manquait à ce véritable front du progrès un catalyseur essentiel : la confiance dans l'avenir ! Non certes pour l'accepter tel quel : mais pour s'en servir à bâtir un monde nouveau. Désormais, l'éternel débat entre la Révolution et la Réforme était tranché au profit d'un tiers parti inattendu : celui de la conservation. Pour mon compte, je m'étais longtemps demandé qui de la CGT, plus radicale, ou de la CFDT, plus réformiste, avait raison dans sa vision de la société française. Désormais, la réponse est connue : c'était Force ouvrière ! À bas, donc, l'abolition du statu quo ! On se serait cru à l'époque des luddites, ces ouvriers casseurs qui, dans l'Angleterre du XIX$^e$, s'opposaient à toute forme de progrès technique par le recours au bris de machines et au sabotage. Certes, le statu quo en matière de services publics, de protection sociale, de marché de l'emploi et de contrat d'embauche pouvait se soutenir. La modernité introduisait dans tous ces domaines une précarité difficilement supportable à qui est dépendant d'autrui pour sa subsistance. La « société du risque » est une des nécessités du progrès ; mais elle est plus facilement acceptable par ceux qui sont maîtres de leur destin. Ajoutons d'ailleurs qu'il s'agit pour les chefs d'entreprise non du risque que l'on prend, mais de celui que l'on fait courir aux autres... Que l'on sache, les célèbres parachutes dorés, comme ceux que s'est vu attribuer M. Daniel Bernard, ancien patron de Carrefour, ne sont pas faits pour les ouvriers ou pour les employés. Pas même pour les cadres. La préférence de la majorité des travailleurs, notamment dans le secteur nationalisé et dans la fonction publique, pour le capitalisme d'hier par rapport à celui d'aujourd'hui, était donc compréhensible. Mais vouée à l'échec. Gagner sur le papier les batailles d'hier plutôt que de préparer celles de demain est la tendance naturelle de tous les états-majors français, de ceux du syndicalisme comme de ceux de l'armée. En une formule digne de passer à la postérité, un rapport émanant du haut état-major dans l'entre-deux-guerres disait : « À mesure que le temps des hostilités s'éloigne, la cavalerie reprend dans l'armée toute son importance. »

Il en allait de même dans le mouvement ouvrier. Celui-ci a toujours eu le choix entre trois tactiques. La première se nomme révolution et a pour instrument la lutte des classes. La seconde se nomme réforme et a pour instrument la négociation. La troisième se nomme conservatisme et a pour instrument la paix sociale. Le paradoxe actuel, qui a pour principaux agents Force ouvrière et les groupes gauchistes, en un moment où la révolution est glacée, consiste à prétendre défendre la réforme avec les procédés de la lutte des classes. Ce n'est pas ainsi que l'on peut gagner. Les syndicats allemands, britanniques, hollandais ou scandinaves ont compris que la fameuse « préservation des acquis » passe par la réforme, concertée avec le patronat et avec l'État, des principales institutions du Welfare State. Les syndicats français en sont réduits à pratiquer la lutte des classes en faveur de l'immobilisme, le jusqu'au-boutisme en faveur de l'insignifiance, comme l'ont amplement démontré les batailles perdues des salariés à propos des retraites ou des étudiants à propos de la réforme Fillon.

*Le populisme comme alibi*

À ce paradoxal activisme en faveur de l'immobilité défensive il fallait une idéologie de rechange à la révolution et aussi à la réforme. Ce ne pouvait être que le populisme.

Il y a mille définitions du populisme, parce qu'il a connu mille avatars historiques. Cela va du nihilisme russe des années 1870, annonciatrices lointaines de la révolution d'Octobre, aux agitations préfascistes et prénazies de l'Italie et de l'Allemagne au lendemain de la Première Guerre mondiale ; des mouvements agraires à la Dorgères, dans la France des années trente, aux mouvements urbains qui un peu plus tard en Argentine fomentèrent le péronisme ; des révoltes antifiscales de commerçants et d'artisans de Pierre Poujade à la fermentation maoïste au lendemain de 1968. Tous ces mouvements ont au moins un point commun : la guerre contre les élites, la confiance aveugle dans le peuple. Non pas dans la démocratie proprement dite, c'est-à-dire dans le grand alambic qui, grâce à la tuyauterie compliquée de la représentation, est censée transformer la volonté populaire en actes de gouvernement. Pour les populistes, qui sont souvent des intellectuels déclassés, sorte de *Lumpenintelligentsia* à la dérive, seul le peuple est bon ; seul le peuple est juste. Il ne dit pas la vérité, il est la Vérité ; il ne dit pas la justice, il est la Justice. Le peuple est le Christ du mouvement social ; il est la Voie, la Vérité, la Vie. Victime de Judas, il est sans cesse sacrifié aux pharisiens mais son sacrifice est source de rédemption. En faisant du prolétariat le Christ du mouvement social, Marx a lui-même payé tribut au populisme. Mais il s'en est immédiatement éloigné en se refusant à faire du peuple-objet de l'histoire la réponse enfin trouvée à ses propres questions. Pour plagier ce que dit Karl Kraus de la psychanalyse, le populisme est un problème qui se prend pour sa solution.

Je ne retiens ici du populisme que ce qui me paraît relever de la situation française actuelle. Le populisme est l'expression naïve et geignarde du malheur français. Dans une société préindustrielle, c'est une idéologie prémarxiste. Elle ne parle pas encore des ouvriers, et ne connaît que les pauvres ; elle n'a pas entendu parler de cette lutte des classes, qui est commune aux analyses marxistes et aux analyses libérales ; elle ignore les individus dans leur réalité physique et psychologique, et ne retient que les agents sociaux occupant une place particulière dans le processus de production. Elle n'est pas animée par le désir de révolution, c'est-à-dire de changement radical, mais par un ressort psychologique beaucoup plus élémentaire : l'envie, la jalousie sociale. Elle ne considère pas l'exploitation, voire l'aliénation, au sens marxiste de ces deux termes ; elle ne retient que les inégalités, c'est-à-dire l'éternelle différence des conditions et des richesses. Elle nous ramène de la sociologie à la psychologie collective.

Dans les sociétés préindustrielles, le populisme est ainsi l'expression naturelle des rapports sociaux, vus du point de vue des plus faibles. Dans les sociétés industrielles ou postindustrielles au contraire, il est une régression qui conduit à la confusion la plus totale.

## *Le Pen justifié par ses adversaires mêmes*

C'est ainsi qu'une des conséquences les plus inattendues mais les plus nouvelles de l'émeute civique du 29 mai dernier est la légitimation de l'idéologie lepéniste, à l'exception de ses aspects racistes. Le lepénisme a été en effet l'expression politique du déclassement culturel et social des classes moyennes non salariées, commerçants, artisans et agriculteurs, que le monde moderne a privées de tout horizon collectif. Il s'est traduit par une véritable xénophobie dirigée contre les immigrés, mais pas uniquement.

Soient les deux professions de foi suivantes :

« Si je savais quelque chose qui me fût utile et qui fût préjudiciable à ma famille, je le rejetterais de mon esprit. Si je savais quelque chose d'utile à ma famille et qui ne le fût pas à ma patrie, je chercherais à l'oublier. Si je savais quelque chose d'utile à ma patrie et qui fût préjudiciable à l'Europe, ou bien qui fût utile à l'Europe et préjudiciable au genre humain, je le regarderais comme un crime. »

Et voici la seconde :

« J'applique en quelque sorte une hiérarchie de sentiments et de dilections ; j'aime mieux mes filles que mes cousines, mes cousines que mes voisines, mes voisines que les inconnues et les inconnues que mes ennemies. Par conséquent, j'aime mieux les Français, c'est mon droit. J'aime mieux les Européens ensuite. Et puis, ensuite, j'aime mieux les Occidentaux. J'aime mieux dans les autres pays du monde ceux qui sont alliés et ceux qui aiment la France. »

La première de ces déclarations est tirée des *Pensées* de Montesquieu, la seconde est de Jean-Marie Le Pen, qui l'a plusieurs fois répétée : on ne saurait rêver antithèse plus parfaite. La première est synonyme d'ouverture, la seconde de repli sur soi. La première traduit l'optimisme d'une bourgeoisie conquérante. La seconde, la crispation identitaire de classes moyennes menacées ou déclassées. C'est ce qu'au FN on a appelé la préférence nationale. Quand on examine l'expression publique ou semi-publique (mails, blogs, etc.) des adversaires de la Constitution européenne du 29 mai dernier, on y trouve l'idéologie d'un mouvement social en décomposition, élargi aux classes moyennes salariées et à la fonction publique. C'est le basculement de ces catégories, traditionnellement de gauche, encore majoritairement européennes lors du référendum de Maastricht, qui explique le succès du non. La crainte de l'avenir a en effet gagné les agents de l'État (Éducation nationale, Santé, Télécommunications) d'ordinaire assurés de leur emploi. La menace d'une privatisation, synonyme de précarité, a agi comme un chiffon rouge.

C'est ainsi que la peur de la mondialisation et le refus de l'Europe sont, après la préférence nationale, le deuxième trait qui rapproche le non de gauche du non de l'extrême droite. On a déjà dit pourquoi la transposition en « Europe autrement » du non à l'Europe réelle n'est qu'une échappatoire. L'Europe avait été depuis Maastricht présentée par ses partisans comme une source de croissance et d'emplois nouveaux. La crispation sur l'orthodoxie financière et la crainte obsessionnelle de l'inflation furent une véritable tromperie, analogue à ce que furent avant guerre les politiques financières de défense du franc et de déflation symbolisées par Pierre Laval. Comment, dans les deux cas, les classes populaires auraient-elles pu se reconnaître dans ce malthusianisme économique ? Les premiers responsables de cette lepénisation des esprits qui s'est exprimée au printemps 2005, ce sont donc la Banque centrale européenne, les gouvernements nationaux, et enfin une Commission de Bruxelles en panne d'imagination et d'autorité depuis le départ de Jacques Delors.

*La faute aux élites*

On ne le dira jamais assez : le populisme du peuple n'est le plus souvent que le contrecoup de l'élitisme des élites, c'est-à-dire la conséquence mécanique du malthusianisme et de l'égoïsme des classes dominantes. Que les choses soient bien claires : il faut combattre le populisme, parce qu'il comporte intrinsèquement une tentation autoritaire, celle qui prétend se passer des mécanismes formels de la démocratie représentative au profit d'un dialogue direct entre le peuple et son chef. L'histoire montre que, dans le meilleur des cas, cela conduit au bonapartisme ; dans le pire au fascisme ; le choix entre les deux étant le plus souvent affaire de culture politique et de conjoncture économique. Pour autant, il ne faut pas se méprendre sur les causes de ce populisme et sur les moyens d'en venir à bout. C'est le plus souvent l'absence de circulation sociale, la fermeture des élites et leur reproduction en circuit fermé qui provoque la réaction populiste. Quand l'ascenseur social est bloqué ; quand les jeunes issus des classes dominées n'aperçoivent aucun moyen d'échapper à leur condition, c'est-à-dire à celle de leurs parents ; quand les riches continuent de s'enrichir tandis que les pauvres continuent de se paupériser ; quand les difficultés économiques communes à tous se traduisent pour les premiers par des « parachutes dorés », et pour les autres par des « plans sociaux », synonymes de chômage, alors le populisme apparaît. Il n'est pas le fruit de la misère, mais de l'inégalité des chances. C'est toute la mécanique sociale, avec son jeu subtil de poids et de contrepoids, toute cette négociation permanente, analogue à celle du marché, qui se grippe. On peut à la rigueur se résigner à la loi de la lutte des classes, comme à celle de l'offre et de la demande, à condition toutefois que les institutions ne viennent pas en permanence renforcer les avantages des plus fortunés et donner à la loi de la jungle tous les dehors de l'équité.

Telle est bien, pour l'essentiel, la situation de la France en ce début de millénaire. C'est l'aggravation des inégalités naturelles par l'hypocrisie démocratique qui explique que le jeu normal de la lutte des classes prenne aujourd'hui la forme d'une remise en cause radicale des institutions. Voilà, au-delà des accidents de la conjoncture, les raisons du négativisme électoral du printemps dernier. En ce sens, le non du 29 mai 2005 n'est qu'une variante du « krach civique » du 21 avril 2002. Voilà aussi pourquoi les partisans sincères du oui ont eu une tâche si malaisée, puisque à tout instant leur engagement en faveur de l'Europe était soupçonné de camoufler l'acceptation du statu quo social. Pour les militants de la cause européenne, le processus de ratification s'était ainsi transformé en traquenard. La Constitution avait été le bouc émissaire qui avait payé pour le blocage de la société française.

C'est pourquoi l'opposition frontale entre classes populaires et élites dirigeantes est, avec la dénégation du monde réel et la préférence pour l'immobilisme, la caractéristique majeure de la malaventure référendaire du 29 mai. L'appel du « pays légal » au « pays réel » est une vieille balançoire maurrassienne qui traduit l'incapacité de la société française à donner une expression concrète aux idéaux républicains.

Alors ? Faut-il sonner le tocsin ? Dénoncer le ralliement implicite d'une partie majoritaire de la gauche à l'idéologie lepéniste du recentrage national, débarrassée de ses toxines racistes ? Il y aurait de la malhonnêteté à invoquer, à partir du mélange dans les urnes du non de la gauche et de celui de l'extrême droite, je ne sais quel complot rouge-brun, comme la préhistoire du fascisme en offre plusieurs exemples ; mais il y aurait de l'aveuglement à nier la convergence et à ignorer le vent mauvais qu'un tel accident fait souffler sur la France.

*Ce n'est aujourd'hui qu'un cri :
la France va mal !*

Une conjoncture aussi morose comporte deux éléments distincts. L'un objectif, c'est l'affaiblissement durable de la position internationale de la France ; l'autre subjectif, à savoir la perte de confiance du pays en lui-même ; autrement dit, le malheur français, tel qu'il est vécu par les Français eux-mêmes.

Une première fois, en 1954, la France avait jeté bas, par la voie parlementaire, le monument qu'elle avait elle-même édifié par la voie gouvernementale, la Communauté européenne de défense (CED), pas décisif vers une Europe politique. Le coup fut rude, mais il ne fut pas fatal, parce que la France était alors la première puissance d'Europe et que ses caprices avaient force de loi. Pas alors de Tony Blair prêt à racheter pour un euro symbolique le bâtiment en construction, abandonné par ses architectes. Aujourd'hui, l'antériorité historique de la France ne lui laisse plus aucun privilège ; demain elle pourra bien invoquer les mânes de Robert Schuman comme ses sportifs invoquent devant le CIO celles de Pierre de Coubertin : on lui rira au nez et dans les deux cas, les Britanniques emporteront la mise. Un pays capable de paraître sacrifier sa mission historique à ses humeurs du moment n'est plus tout à fait à la hauteur de cette mission.

Le 29 mai 2005 fut la revanche de George Bush sur l'humiliation que la France lui avait fait subir deux années auparavant devant le Conseil de sécurité de l'ONU. Ce renoncement à son avenir européen réduisait rétrospectivement le sursaut de clairvoyance et de courage qu'elle avait eu lors de l'affaire irakienne à une saute d'humeur, inspirée par l'animosité et la jalousie envers les États-Unis. Très exactement le commentaire malveillant qui avait été alors celui des néo-conservateurs américains. Pas un instant le peuple français ne porta au crédit de Jacques Chirac l'énergie et la dignité dont il avait fait preuve. Pas un instant il ne songea à lui en accorder le bénéfice. L'immense popularité dont il avait alors joui dans le monde arabe, chez tous les peuples du tiers-monde fut, elle aussi, gaspillée dans l'aventure. Le gâchis était total.

L'année précédente, on avait vu, lors de l'élection présidentielle de 2004, nombre d'Américains de milieux modestes voter contre leurs intérêts de classe pour manifester à George W. Bush, promu au rang de héros de la résistance américaine, leur solidarité nationale. Peu importe qu'à nos yeux cette solidarité fût mal placée. Le fait important, c'est que le peuple américain mettait son avenir collectif avant les intérêts particuliers de ses membres.

À aucun moment, de telles considérations ne sont entrées en ligne de compte pendant la campagne référendaire française. Au-delà des significations multiples du scrutin, qui sont l'affaire des politistes et des sociologues, au-delà des motivations individuelles des votants, dont la colère, je le répète, est compréhensible, l'histoire ne retiendra qu'une chose : qu'à un moment décisif une majorité de Français, toutes classes et opinions confondues, a préféré des considérations de politique intérieure au dessein européen de la France. C'est cette révision en baisse de notre influence, entreprise depuis des années par nos principaux partenaires, que le triste mois de mai 2005 a précipitée.

En France, à peine le non était-il sorti des urnes que l'Europe sortait des têtes. Dès le 29 mai au soir, les leaders du non n'eurent qu'un mot d'ordre : cap sur la présidentielle ! La Constitution, on le vit bien après coup, n'avait été qu'un prétexte à notre délectation morose.

Au lendemain donc du renoncement référendaire du 29 mai et de l'humiliation olympique du 6 juillet, il n'y eut dans le pays qu'un cri : « La France va mal ! » Elle va même de mal en pis !

Car le pire était à venir. L'avenir, ce serait, pour ne pas quitter le domaine sportif, l'échec possible de la France dans une coupe du monde de football qu'elle avait remportée en 1998 ; sa quasi-absence des grandes institutions internationales du sport, du CIO à la Fédération internationale automobile. Plus sérieusement, en Europe, la réduction à la portion congrue de la manne européenne aux agriculteurs français avec, pour conséquence, la disparition du tiers d'entre eux ; la mise en faillite des institutions de prévoyance en matière de maladie, de vieillesse, de chômage ; le creusement d'une dette qui ne laisserait demain d'autre alternative qu'entre une inflation de pays sous-développé et une réduction violente du niveau de vie ; la persistance du chômage, avec toutes les formes de malaise social, de déviances et de violence qu'il entraîne ; une asthénie persistante de ses chercheurs et de ses créateurs, qui l'a délogée de la place éminente qu'elle occupait jusqu'aux années soixante dans la plupart des domaines scientifiques, intellectuels et artistiques. Et, pour couronner le tout, une crise profonde du lien démocratique et l'arrivée possible au pouvoir d'un populisme dont on ne saurait dire encore s'il serait de droite ou de gauche.

On reviendra sur tout cela. Au vrai, rien ne serait rédhibitoire pour la France, compte tenu de son passé, de ses ressources naturelles et humaines. On a vu se relever la Grande-Bretagne qui se trouvait il y a un quart de siècle dans une situation tout à fait comparable à la nôtre. Rien n'interdirait un renversement de la courbe ; rien sinon le consentement tacite et insidieux des Français à une telle situation. C'est peut-être cela, plus que tout autre facteur, que l'on nomme le malheur.

On ne dira jamais assez le mal que fait en France la peur d'être la dupe de ses bons sentiments. Une version utilitariste et dégradée des philosophies du soupçon – Marx, Nietzsche, Freud, et bien avant eux La Rochefoucauld – y tient lieu d'alibi à toutes les mesquineries de l'esprit petit-bourgeois. La France est par excellence le pays où l'esprit exerce sa vigilance à ne pas être la dupe du cœur. Nous allons ainsi répétant que le patriotisme n'est que la forme héroïsée de nationalismes rivaux ; que l'action humanitaire sert de camouflage à la loi de la jungle et à l'impérialisme des anciennes puissances coloniales ; que la solidarité est un impôt occulte que les riches prélèvent sur les pauvres ; que l'amour désintéressé, sous toutes ses formes, n'est que le masque théâtral du désir sexuel et que le consensus national n'est que l'habillage grossier des intérêts de classe. La philosophie implicite du lecteur du *Canard enchaîné* est que, dans toute intrigue privée, il faut chercher la femme, et dans tout imbroglio international, le pétrole. En un mot, derrière toute passion qui s'affiche, il y a un intérêt qui se cache ; la seule passion qui ne mente pas sur elle-même est précisément la passion de l'intérêt. Ce réductionnisme moral qui fleurit à l'heure de l'apéro est, on le sait, irréfutable : car si l'intérêt est présent, son hégémonie se passe de démonstration ; et si on ne l'aperçoit pas, c'est qu'il s'est arrangé pour se rendre invisible.

Le moyen dans un tel pays d'entraîner la population dans une œuvre collective, quand celle-ci s'est persuadée qu'on ne lui dit jamais les vraies raisons des efforts qu'on lui demande ? Il n'y a de consensus national que lorsque chacun se convainc que les intérêts des classes dominantes s'identifient à ceux de la nation tout entière. Force est de constater que tel n'est pas aujourd'hui le cas. Il y a tout cela dans la formidable crise de confiance qui a éclaté à propos du référendum.

## II

## LA FRANCE ET LE MONDE MODERNE :
## HISTOIRE D'UN DIVORCE

Les premiers signes d'une divergence profonde entre notre pays et notre temps datent de 1989. François Mitterrand venait d'être reconduit pour sept ans à la présidence de la République et la France célébrait dans la concorde le deuxième centenaire de la Révolution. Le monde paraissait assuré sur ses bases et les convergences entre l'Est et l'Ouest se multipliaient. Les spécialistes les plus avertis de l'Union soviétique n'en finissaient pas de s'extasier sur ses capacités d'adaptation. Décidément, Gorbatchev, l'inventeur de la *perestroïka* et de la *glasnost*, était bien le grand homme de la période. C'est pourquoi le formidable craquement de l'automne, qui vit la RDA (Allemagne de l'Est) s'effondrer comme un château de cartes prit tout le monde de court. Le 9 novembre 1989, lors d'un dîner qui se tenait en présence du Premier ministre Michel Rocard, il ne fut question que du voile islamique. Tolérance ou fermeté, les opinions étaient partagées. C'est au moment de se séparer qu'une dame, jusqu'alors silencieuse, fit remarquer à l'assemblée que le monde était en train de vivre le plus grand événement depuis la fin de la guerre, et que la conversation n'avait porté au cours de la soirée que sur un misérable morceau de tissu. L'assemblée convint de sa légèreté et de son provincialisme.

## *Mitterrand à contre-courant*

Nul pourtant ne parut plus déconcerté et plus à contre-courant que le président de la République lui-même. Il s'était jusqu'alors conformé aux principes de la politique étrangère de De Gaulle : fidélité à l'Alliance atlantique dans les circonstances graves, indépendance à l'égard des deux Grands dans le quotidien. La France avait été à ce titre l'une des bénéficiaires de la période écoulée, s'immisçant dans les interstices de la guerre froide pour pousser ses avantages, notamment dans le tiers-monde. Pour François Mitterrand, les événements qui allaient conduire à la chute du mur de Berlin signifiaient d'abord l'effondrement des principes de sa politique étrangère. D'où une conduite irrationnelle, incohérente, donnant l'impression qu'il regrettait la disparition du despotisme oriental. Le voilà qui se précipite à Kiev, pour tenter – en vain – d'amener Gorbatchev à la résistance active contre le cours des choses ; de là il court à Berlin-Est pour conforter les dirigeants d'une RDA moribonde. La réunification de l'Allemagne qui se profilait à l'horizon lui paraissait un danger pour l'équilibre européen et pour la prépondérance française. Margaret Thatcher ne pensait pas autrement, mais se montra plus prudente dans son expression publique : elle aussi redoutait la réunification. Grâce toutefois à la bonne entente qui régnait entre François Mitterrand et Helmut Kohl – c'est assurément celui-ci et non Gorbatchev le grand homme de la période –, le contresens du premier sur la signification de l'événement n'eut pas, sur le moment, de conséquences trop fâcheuses. Au contraire : la monnaie européenne unique (euro) est un des effets indirects mais bénéfiques de ce contresens historique, puisque le chancelier allemand l'offrit au président français en lot de consolation. Mais dès ce moment, la France donna l'impression de ne plus maîtriser son destin, à plus forte raison celui de l'Europe. Elle marchait à côté de ses pompes, la France, comme en témoignait sa tentative pour contrer l'irrésistible aspiration des peuples de l'Europe centrale et orientale à intégrer totalement la Communauté européenne (d'où ce projet lancé par Mitterrand et finalement avorté de confédération politique, intelligent mais mal compris des intéressés) ; ou, plus tard, le philoserbisme de la politique étrangère du même Mitterrand dans le conflit yougoslave ; un philoserbisme plus inspiré par la géopolitique du début du siècle et les souvenirs de la Première Guerre mondiale que par un examen lucide de la situation. Dès cette époque, le sentiment prévaut que la France n'a désormais qu'un souci : arrêter la marche du temps. Pour la deuxième fois au cours du siècle – la première ayant été la capitulation de Munich devant Hitler –, la France décevait ses alliés naturels de l'Europe orientale et gâchait, les unes après les autres, les cartes dont elle disposait. Nos dirigeants n'avaient pas compris que le bon temps de la guerre froide était terminé, et qu'il ne servait à rien de faire du gaullisme quand la situation avait cessé d'être gaullienne.

On en dira autant de notre vision économique et sociale. La chute du mur de Berlin ouvrait les vannes à la seule idéologie qui tînt encore debout : le libéralisme. Le nouveau départ de celui-ci est même antérieur : il date du début des années 80. C'est en 1981 que Ronald Reagan est élu président des États-Unis en même temps que François Mitterrand en France ; Margaret Thatcher les a précédés de deux ans. Helmut Kohl les suivra d'autant. La fin du siècle appartient à ce quatuor : Ronald Reagan (1981-1989) ; Margaret Thatcher (1979-1991) ; François Mitterrand (1981-1995) ; Helmut Kohl (1982-1998). Mais, entre eux, la différence est considérable : l'Américain, l'Anglais et l'Allemand engagent leur pays dans la voie libérale, sans le moindre retour en arrière : privatisation est le mot-clé de la période dans le monde industriel avancé. Une exception : la France. François Mitterrand arrive au pouvoir avec un programme ouvertement socialiste. Pour lui, le mot-clé est celui de nationalisation. Pendant toute la période qui précède le 10 mai 1981, le principal interlocuteur du parti socialiste est Georges Marchais, sorte d'épouvantail à bourgeois à peine dégagé de la gangue stalinienne dans laquelle il a grandi. Les débats entre les deux grandes formations de gauche sur les entreprises à nationaliser et leurs filiales ont quelque chose d'ubuesque. Le monde extérieur regarde effaré cette pantomime du passé, mais la France n'en a pas conscience ; le 10 mai 1981 est salué comme l'aube d'une ère nouvelle, alors qu'elle n'est qu'une résurgence, en forme de farce, des temps révolus. Il ne faudra guère plus d'un an pour dissiper les illusions : ce mélange archaïque de marxisme philosophique, de socialisme étatiste et de keynésianisme économique, à un moment où marxisme, étatisme et keynésianisme poussent leur chant du cygne. Les années Mitterrand sont un pot-pourri de toutes les politiques économiques imaginables, des nationalisations des débuts aux privatisations de la fin en passant par le statu quo (l'inénarrable ni-ni). Jacques Chirac continuera dans la même voie, faisant alterner des tentatives libérales avec la défense du « modèle social français ».

Pourquoi pas ? On n'est pas obligé de suivre les modes, même en matière économique. Le libéralisme, paré aujourd'hui de toutes les vertus, était naguère accusé de tous les vices. Nul doute qu'une crise économique de l'ampleur de celle de 1929 produirait des effets analogues et remettrait au goût du jour sinon le socialisme, du moins l'interventionnisme de l'État.

Ce qui est impardonnable en revanche, c'est l'improvisation permanente, les virages en épingle à cheveux, l'incantation en lieu et place d'une politique et, surtout, la conspiration de tous les partis pour refuser de regarder les réalités en face. Si vous ne savez pas ce que vous voulez, disait un sage de la politique, vous ne l'obtiendrez sûrement pas. Le marxisme, qui reste en arrière-plan de toutes nos nostalgies, avait le grand mérite de ne pas se payer de mots. Le premier devoir du chef de guerre est de ne pas se tromper sur l'ennemi. Si l'auteur du *Capital* revenait parmi nous, il ne se précipiterait pas pour indiquer des solutions. Du reste, ses écrits proprement socialistes, c'est-à-dire programmatiques, tiendraient en une mince plaquette, adossée à une œuvre analytique considérable. En revanche, il s'efforcerait de comprendre la nouvelle phase dans laquelle l'économie mondiale est entrée, pour y adapter l'action du mouvement ouvrier. Rien de tel dans la gauche française, partis et syndicats confondus. Leur programme n'a pas changé depuis la décennie 1890-1900, date à laquelle les divers partis socialistes qui se disputaient alors la clientèle ouvrière ont fixé leurs objectifs d'avenir. Plutôt que de débiter des platitudes sur la mondialisation (l'économie capitaliste est en voie de mondialisation depuis le XVI$^e$ siècle), les principaux responsables de la gauche feraient mieux de s'interroger sur le grand tournant des deux décennies écoulées, à savoir le passage d'un capitalisme managérial, fondé sur le triangle chef d'entreprise-syndicats-État, à un capitalisme fondé sur l'actionnaire comme acteur prépondérant. La gauche n'a rien compris à la montée des fonds de pension et à leur action déstabilisatrice sur le capitalisme patrimonial de jadis. Le patronat qu'elle continue de combattre, c'est celui de *Germinal*, pas celui de Microsoft ou de Coca-Cola.

C'est bien simple : que l'on se tourne vers la gauche comme vers la droite, le retard français n'est pas principalement économique ; il est d'abord intellectuel. Voilà la triste vérité. Chez un peuple qui se targue d'avoir inventé les intellectuels, en tout cas leur intervention dans la vie politique ; dans le pays qui fut conjointement celui des Lumières et de l'engagement, ce qui domine aujourd'hui, à peine masquées derrière les contorsions de l'intelligentsia, c'est la routine mandarinale et l'ignorance crasse du monde extérieur, tout cela camouflé derrière un gauchisme de façade.

*Des jacqueries à répétition*

Considérons d'abord dans sa globalité le phénomène : en moins de treize ans, nous venons de vivre à quatre reprises, sous quatre prétextes différents, le même scénario : celui d'une insurrection de plus en plus affirmée, de plus en plus violente, et sans doute de plus en plus aveugle des principales couches populaires de la nation contre les élites de cette même nation. Ces quatre moments sont la ratification du traité de Maastricht portant création de l'euro (20 septembre 1992) ; les grèves contre le plan Juppé de réforme de la Sécurité sociale (novembre-décembre 1995) ; le premier tour de l'élection présidentielle (21 avril 2002) qui vit le candidat de l'extrême droite Jean-Marie Le Pen l'emporter sur celui de la social-démocratie Lionel Jospin ; et enfin le référendum sur le projet de Constitution européenne (29 mai 2005). Entre les quatre, la gradation est évidente. Dans les trois premiers cas, l'offensive populiste fut finalement repoussée ; dans le plus récent, elle renversa les barrières politiques traditionnelles et triompha.

La victoire du projet de Maastricht avait été extrêmement étroite. Il est probable que sans la personnalité du président de la République le résultat eût été inverse. Son débat avec Philippe Séguin à la veille du scrutin fut sans doute décisif.

Plus profondément, François Mitterrand, qui, sur la longue durée, a suivi une politique centriste, ne manquait jamais de se couvrir sur ses ailes. On sait qu'il ne renonça à aucun moment à certaines connexions d'extrême droite qu'il avait établies au cours d'une jeunesse aventureuse et riche en contrastes ; mais on se rappellera aussi ses relations avec la jeunesse étudiante et l'extrême gauche trotskyste. Un Jean-Luc Mélenchon, ancien trotskyste, lui-même admirateur sans nuances de François Mitterrand, devenu l'un des leaders du non socialiste au printemps 2005, s'était prononcé en 1992 pour le « oui » à Maastricht. Au total, dans ces référendums, la personnalité de celui qui pose la question est décisive, puisque François Mitterrand est resté majoritaire dans son camp en 1992 et Jacques Chirac dans le sien en 2005.

Mais au-delà de ces différences et de la préférence européenne de zones démocrates chrétiennes comme la Bretagne et l'Alsace, on avait déjà senti le sourd grondement de la France profonde, dans les campagnes et les petites villes, chez les classes moyennes non salariées (artisans, commerçants) ainsi que chez les ouvriers et les employés. Dès cette époque, quelque chose n'allait plus dans les relations entre les couches populaires et les classes dirigeantes ; un malaise qui ne coïncidait pas avec le clivage droite-gauche et qui débordait les institutions politiques.

On peut d'ailleurs se demander si la France a jamais réellement accepté le système parlementaire. Les révoltes contre la représentation légale sont trop nombreuses pour qu'on ne s'interroge pas. Le boulangisme (1886-1889) ; le 6 février 1934 et les menées des ligues factieuses dans l'entre-deux-guerres ; le poujadisme en 1956 ; l'explosion de mai 1968 avec ses tendances antiparlementaires : chaque génération connaît une crise qui remet en question le fonctionnement normal des institutions. En revanche, les Français sont en paix avec la République chaque fois qu'il se trouve à la tête de celle-ci une personnalité assez forte pour surmonter leur fronde permanente à l'égard de leurs élus et pour incarner cette fonction que l'on est obligé de désigner d'une expression anglaise : le *leadership* démocratique. Des hommes aussi différents que Gambetta, Ferry, Clemenceau, Poincaré, de Gaulle, Mitterrand ont su le faire. Leur gouvernement s'identifie avec la grandeur de la France républicaine. Les nostalgiques du parlementarisme pur, façon IIIe et IVe République, commettent un véritable contresens lorsqu'ils accusent les hommes forts issus du suffrage universel[1] de court-circuiter le système représentatif : c'est l'inverse qui est vrai. Ceux-ci ne furent pas des tenants du pouvoir personnel, comme les en accusent régulièrement leurs ennemis, mais des intermédiaires ! C'est pourquoi le mot d'ordre de retour au parlementarisme, fût-il rationalisé, n'est pas seulement une utopie ; c'est une ineptie. Que l'on examine toute l'histoire de France depuis deux siècles : les menaces contre la République n'ont pas eu pour cause la trop grande force du pouvoir, mais au contraire sa faiblesse. Voilà pourquoi une réforme des institutions, à supposer qu'on la juge nécessaire, devrait nécessairement aller dans le sens d'un présidentialisme à

---

1. Ce qui exclut naturellement Pétain de la liste !

l'américaine. J'y reviendrai. En vérité, presque tout le monde en convient, à l'exception d'une classe politique jamais consolée d'avoir perdu l'omnipotence que lui conférait jadis la faiblesse de l'exécutif.

Maastricht avait été un avertissement sans frais. La prospérité de la France d'alors, un taux de croissance parmi les plus forts d'Europe, une relative accalmie du chômage avaient évité que la crise de confiance politique, rampante depuis longtemps, ne fût relayée par le malaise économique que nous connaissons aujourd'hui.

*Décembre 1995 : un mai 1968 au rabais*

Trois ans plus tard, la détérioration des comptes de la nation et l'aggravation des déficits de la Sécurité sociale rendent nécessaire une politique de rigueur. Pour l'avoir méconnue pendant sa campagne électorale et avoir imprudemment promis de s'attaquer à la « fracture sociale » – ce qui demandait beaucoup d'argent –, Jacques Chirac se trouva fort dépourvu quand la bise fut venue. Son Premier ministre et favori Alain Juppé n'eut pas de peine à le persuader de la gravité de la situation. Pour honorer les critères de Maastricht – toujours Maastricht ! – et notamment revenir en deçà des 3 % de déficit par rapport au PIB, il fallait faire des économies. Le père Noël se transformait en père Fouettard et les Français eurent le sentiment de rupture d'un contrat électoral dont l'encre était encore humide. La faute majeure des hommes politiques français n'est pas de changer d'avis quand les circonstances l'exigent ; c'est de nier mordicus qu'ils l'ont fait. François Mitterrand n'a jamais voulu reconnaître son tournant de 1982-1983 ; Jacques Chirac tourna le dos à ses promesses électorales avec un naturel qui excluait toute explication. Il n'est pas vrai que les peuples n'acceptent jamais les sacrifices ; encore faut-il qu'ils en comprennent la nécessité et qu'ils n'aient pas l'impression que l'on se moque d'eux. « Je hais ces mensonges qui nous ont fait tant de mal », avait fait dire Emmanuel Berl au maréchal Pétain. Jamais formule ne fut aussi célèbre et aussi peu suivie d'effets. Le malheur français, c'est d'abord cela : le mensonge politique élevé par manque de courage à la hauteur d'une institution et l'incapacité des citoyens d'entretenir un dialogue sincère avec leurs représentants.

Il n'est pas étonnant dans ces conditions que toute épreuve politique tourne au règlement de comptes entre électeurs et élus, ou, comme on dit aujourd'hui, entre le peuple et les élites.

C'est pourquoi la grève de novembre-décembre 1995 prit d'emblée la forme d'une « grève contre les élites », selon l'expression que j'ai proposée à l'époque. L'objet même de l'affrontement s'effaça très vite devant la personnalité de ceux qui s'affrontaient ; les opinions des protagonistes ne se formaient pas au contact de la vérité, mais au contact de la lutte. C'est pourquoi on vit ressurgir spontanément, à la grande jubilation des intellectuels d'ancien style, l'imagerie vieillissante des grèves du passé et les topoï les plus convenus de la lutte des classes de jadis.

Il y a dans tout mouvement social français un aspect commémoratif, comme s'il s'agissait chaque fois de se rassurer, grâce à l'évocation des grandes actions du passé, sur le bien-fondé de celles d'aujourd'hui. La Révolution française ne cesse de se référer à l'Antiquité, notamment à Sparte et à Rome ; les révolutions du XIX$^e$ siècle commémorent rituellement 1789 ; les drapeaux de la Commune de Paris refleurissent en juin 1936 ; mai 1968 voit ressurgir l'imagerie bolchevique et décembre 1995 les grandes heures de 1968. Comment ne pas se souvenir que, selon Marx, les événements se vivent deux fois, la première sous la forme de la tragédie, la seconde, de la farce ?

Car 1995 fut presque tout entier commémoratif. Mai 1968 avait pour lui la jeunesse et l'imagination. Grâce à des designers de talent, les pavés et la barricade retrouvèrent leur fraîcheur, assortis d'une discrète touche esthétisante de déjà-vu. En revanche, l'image des braseros de l'automne 1995 est restée vieillotte, cultivée seulement par une poignée de nostalgiques. Pierre Bourdieu n'eut jamais la grâce insolente de Daniel Cohn-Bendit. Après le printemps de l'espérance, l'automne des ressentiments ; après l'espoir de nouvelles conquêtes, la crispation sur les avantages acquis : défense de la Sécurité sociale, défense des régimes spéciaux des cheminots. Les nationalisations, si longtemps décriées par les communistes comme un leurre et une mystification, devenaient le cœur de la forteresse, le symbole même du socialisme. Chaque grand mouvement social a son emblème professionnel : sous la Commune, les artisans du faubourg Saint-Antoine ; en 1906, les terrassiers ; en 1920, les cheminots ; en 1936, les métallos ; en 1947, les ouvriers de Renault ; en 1968, les étudiants ; en

1995, les fonctionnaires ! Sous la bannière passe-partout de la Sécurité sociale, on vit surtout les cheminots défendre leurs avantages, les syndicalistes leurs positions, les intellectuels leurs certitudes. Si longtemps vilipendé pour avoir couvert du pavillon fallacieux de l'intérêt général les intérêts particuliers des possédants, voici que l'État bourgeois devenait la citadelle de la résistance au capitalisme. La fonction publique, avec ses statuts et sa grille des rémunérations, allait devenir l'espoir suprême des mères pour leurs enfants, et pour la gauche le recours contre l'avenir. Tout cela ressemblait un peu à l'enterrement d'une grande espérance ; mai 1968 avait eu ses cortèges, décembre 1995 eut ses convois.

### *L'enterrement symbolique de la Vieille France*

L'histoire nationale est faite de symboles et de coïncidences. Sur ces entrefaites, la mort de François Mitterrand, le 8 janvier 1996, mit comme un point d'orgue à la grève. Ce fut un grand moment d'unanimité nationale autour des images du passé, celles de ce gentilhomme campagnard et lettré, amateur de chère fine, de jolies femmes et d'écrivains régionalistes, mais fort étranger à l'économie politique. Son long règne de quatorze ans – presque quatre mandats présidentiels américains – faisait un peu tiers-monde ; il valait plus par sa longévité que par l'œuvre accomplie, qui tient en trois gestes forts : la suppression de la peine de mort, la résistance, à la surprise de son propre camp, au chantage militaire brejnévien, et l'adoption d'une monnaie européenne unique. C'est beaucoup et c'est peu. Rien en tout cas qui fût capable de projeter la France vers l'avenir : quelques adaptations prudentes sur fond d'immobilisme social. Non seulement la politique contractuelle, condition *sine qua non* d'une modernisation économique, ne progressa pas sous son double septennat, mais elle régressa au profit d'une sorte de paternalisme socialisant sous la houlette de l'État. Edmond Maire, l'une des plus fortes personnalités de la gauche française durant la période, ne le lui envoya pas dire.

On s'étonna de la chaleur de l'éloge du Président défunt par le Président en exercice, Jacques Chirac, qui alla jusqu'à inviter les Français à méditer son exemple. On y vit l'hommage d'un grand fauve politique à son semblable, d'un homme naturellement bienveillant qui ne devient cruel que par nécessité politique. La vérité est tout autre : Jacques Chirac, on s'en rendit vite compte, ne concevait pas la politique française autrement que François Mitterrand. Comme lui, il était partisan de ce que l'on a appelé depuis le modèle social français : en fait, un système de protection presque unique au monde, dont les Français sont légitimement fiers, mais un modèle élaboré dans l'euphorie des lendemains de la guerre et des Trente Glorieuses. Malheureusement, le volet économique du modèle, qui avait pour base un capitalisme managérial fortement appuyé sur l'État, flanqué d'une planification souple, et surtout d'un secteur public et nationalisé très important, ce volet donnait des signes de faiblesse. Nul doute qu'un grand capitaine comme de Gaulle eût entrepris de le moderniser. Un Pierre Mendès France au mieux de sa forme en eût été aussi capable. Pas Mitterrand, ni Chirac. Non que l'un et l'autre aient manqué de l'intuition nécessaire. Tous deux sont pragmatiques, partisans d'« une économie mixte » où secteur public et secteur privé se complètent harmonieusement. Jacques Chirac s'est, pour sa part, toujours tenu à égale distance du socialisme dogmatique et du pur libéralisme d'un Madelin. Il avait, au lendemain de sa première élection, et peut être surtout de sa seconde, obtenu dans un contexte de quasi-union nationale l'autorité nécessaire pour provoquer un grand débat national et interprofessionnel sur les moyens d'adapter « le modèle social français » aux exigences du capitalisme actionnarial et de la mondialisation. Il ne l'a pas fait, et les performances économiques françaises ont commencé à plonger. La France a été rattrapée puis dépassée par la Grande-Bretagne au quatrième rang mondial. Son niveau de vie, naguère le plus élevé d'Europe avec celui de l'Allemagne et des pays scandinaves, s'est rapproché du bas du tableau. Désormais l'Irlande ou l'Espagne, qui hier étaient symboles de sous-développement, sont citées pour leur dynamisme, la France pour sa stagnation.

Les grèves de 1995 furent donc des grèves contre les élites, parce que le peuple rendait celles-ci justement responsables de ce qui se passait. Le projet Juppé de réforme de la Sécurité sociale était la première tentative d'une certaine ampleur pour rompre avec le laxisme des déficits et adapter notre système de protection sociale aux nouveaux temps : allongement de la durée de la vie et donc des retraites, coûts croissants de la médecine. Il s'accompagnait d'un projet généreux, défendu par la

CFDT, d'extension à toute la population de la couverture maladie. Bien expliqué et patiemment négocié, il aurait pu obtenir l'aval de tous les syndicats, mais son adoption à la hussarde sous la conduite d'Alain Juppé, tête bien faite mais personnalité arrogante, braqua les intéressés et la majorité des syndicats. De grandes grèves, comme il s'en produit régulièrement à chaque génération nouvelle (1906, 1920, 1936, 1947, 1968) éclatèrent. Le projet passa finalement et, revenus au pouvoir deux ans plus tard, les socialistes qui l'avaient combattu s'empressèrent, sans mot dire, d'en poursuivre l'application. Mais le septennat de Chirac y perdit son élan, le Président, toute velléité réformatrice, et même une grande partie de sa légitimité : c'est pour la reconquérir qu'il se lança en 1997 dans l'opération malheureuse de la dissolution.

## Le divorce de la gauche et du progrès

La plus grave conséquence de cette affaire, c'est la naissance d'un sentiment de méfiance, devenue depuis systématique, des couches populaires de la société à l'égard de toute réforme. Il s'agit d'un tournant essentiel dans les mentalités. Historiquement, l'essor de la gauche est lié à l'idée de progrès. Progressisme et orientation à gauche sont deux expressions quasi synonymes. Du reste, c'est bien cette gauche populaire qui flétrit ses adversaires du nom de réactionnaires. La légitimité de la gauche se fonde sur une vision « scientifique » de l'évolution de l'humanité, que l'on rencontre chez Saint-Simon et chez Auguste Comte avant qu'elle devienne la marque de fabrique du marxisme lui-même. Sur un autre plan, cette vision scientifique progressiste et conquérante du futur est celle qui inspire l'œuvre du dernier Victor Hugo. Par l'intermédiaire des positivistes comme Littré et Jules Ferry, elle colore d'optimisme l'œuvre de la III$^e$ République commençante. Progrès dans l'ordre des sciences et des techniques, progrès dans l'éducation, progrès dans la justice sociale, progrès dans l'instauration d'un nouvel ordre international : c'est tout l'idéal d'une gauche réformatrice – dont Jean Jaurès demeure le symbole – qui s'exprime à travers l'alliance des forces du travail et des forces du savoir.

Ne soyons pas dupes des mots. Traditionnellement, réforme va de pair avec progrès et signifie amélioration. Or, aujourd'hui, dans le vocabulaire politique, réforme est devenu un mot de droite pour désigner la restriction ou la suppression des avantages acquis, la substitution de la précarité à la sécurité et bien souvent l'accroissement des inégalités. Dans les périodes de progrès, la réforme est nécessairement progressiste. Dans les périodes de restauration, la réforme est conservatrice, voire réactionnaire. Or, l'effondrement du communisme s'est traduit, qu'on le veuille ou non, par une phase de restauration. Jamais depuis le milieu du XIX$^e$ siècle, le capitalisme n'avait été aussi triomphant, aussi assuré de son avenir et, en conséquence, aussi arrogant, que depuis la chute du communisme. La social-démocratie a payé au prix fort l'effondrement du communisme : c'est profondément injuste ; mais l'Histoire n'a pas accoutumé de distribuer les prix de vertu. Dans toutes les familles, les membres sains paient pour leurs frères malades ou pervertis. Chacun est comptable de la tératologie de son propre camp ; la droite pour le fascisme, la gauche pour le communisme. Le jeu de société qui consiste à rejeter sur le camp d'en face les déformations monstrueuses de son propre idéal (genre fascisme de gauche ou communisme réactionnaire) est une curiosité intellectuelle sans conséquence pratique.

Il est donc naturel qu'en période de consolidation capitaliste les milieux populaires regardent avec méfiance les réformes qu'on leur propose. Mais la méfiance, en dépit de l'adage, est rarement mère de sûreté. La défense systématique du statu quo, qui est paradoxalement devenue l'attitude habituelle de l'extrême gauche, la dispense de toute contre-proposition. La résistance au changement, compréhensible dans son principe quand ce changement risque d'être défavorable, engendre bientôt une mentalité conservatrice, qui est la négation même de l'Histoire. La devise de cette extrême gauche fossilisée est l'exact contre-pied de la maxime de Lampedusa : « Il faut que tout change pour que rien ne change. » L'extrême gauche déclare : « Il faut que rien ne change aujourd'hui pour que tout change demain. » C'est de l'infantilisme. On ne correspond pas avec le futur par poste restante.

Au total, les grèves de 1995 ont traduit les nouvelles formes de la souffrance sociale que Pierre Bourdieu avait détectées dans *La Misère du monde* : une souffrance sans avenir. La tristesse du mouvement, qui contraste avec la gaieté de 1936 ou de 1968, n'est pas due à l'intensité de la misère. Ce serait même le contraire. Mais c'est une souffrance sans espoir et sans perspectives, à l'image des leaders du mouvement, incapables d'autre chose que de célébrer le passé et les vertus du statu quo. On y voyait poindre la plupart des traits qui ont éclaté au grand jour en 2005 : non seulement la peur de l'avenir, mais la crainte de l'étranger ; non seulement l'opposition de classe, mais la jalousie sociale ; non seulement le primat du social sur la politique, mais l'antiparlementarisme ; non seulement la critique de la technique, mais la diabolisation de la technocratie ; non seulement la défiance envers Bruxelles, mais l'hostilité sourde à l'Europe elle-même. À l'exception du racisme, on a ici affaire à un bouillon de culture fort proche de celui qu'entretient le Front national depuis un quart de siècle. Que l'on me permette de reproduire ici mon commentaire de l'époque (1997) :

« Quand certains intellectuels de gauche se hasardent à exciter le peuple contre les élites dirigeantes et notamment celles qui sont issues du suffrage universel ; quand ils font chorus contre les technocrates, transformés en boucs émissaires de tous les maux de sociétés ; quand enfin ils font vibrer la fibre nationaliste contre l'internationalisme européen, fût-il capitaliste, ils doivent savoir qu'ils jouent un jeu dangereux, et qu'ils se rencontrent au sein de la société politique avec de bien étranges alliés, à commencer par Philippe de Villiers et Jean-Marie Le Pen. Naturellement, leur hostilité au Front national et aux entreprises de l'extrême droite est au-dessus de tout soupçon. Mais cela ne les autorise pas à faire écho à toutes ses sottises. Le néomaurrasisme de gauche sera toujours une blague. Il sera toujours récupéré par le néomaurrasisme de droite comme naguère le chiraquisme de gauche a sombré dans la confusion et le ridicule[1]. »

La suite des événements se déduit aisément de ces prémisses. Le 21 avril 2002 n'est pas l'enfant légitime de ces grèves nostalgiques ; mais comment nier qu'il en soit le fils naturel ?

## *L'embellie Jospin*

Il y eut pourtant une accalmie ; la chance d'une bifurcation. Par suite d'une erreur de manœuvre de Jacques Chirac, qui décida de dissoudre l'Assemblée nationale au plus mauvais moment, la gauche se trouva portée au pouvoir alors que personne ne s'y attendait, pas même elle. Ce fut sa chance. Lionel Jospin arriva à Matignon au débotté, sans lourd programme pour l'entraver. Pour gouverner, il n'eut pas besoin de renier ses promesses électorales : il n'en avait pas faites. Ses discours, ses actes furent donc l'expression pure du compromis social-démocrate, tel qu'il l'a lui-même traduit dans la formule : « Oui à l'économie de marché, non à la société de marché. » Convaincu de la nécessité pour la France de s'adapter au monde moderne, il n'a jamais tergiversé sur les sacrifices que supposait une telle adaptation ; mais il n'a jamais renoncé non plus à donner un contenu social novateur à cette adaptation. D'où l'affaire des 35 heures, qui n'est pas une erreur économique, mais une erreur

---

[1]. *La Faute aux élites*, Gallimard, 1997 ; Folio 1999, p. 149.

chronologique et psychologique. Ayant affirmé à propos de la grève contre la fermeture de l'usine belge de Vilvorde, puis des usines Michelin, que l'État ne pouvait pas tout, il était anxieux de prouver que, tout de même, il pouvait quelque chose. D'où la réduction de la durée de travail au mauvais moment, à celui où il eût fallu travailler davantage ; d'où aussi la procédure autoritaire pour l'imposer, là où il eût fallu la négociation et la démonstration que l'avenir des relations sociales ne pouvait être que contractuel.

Mais quel étrange pays que la France ; quel étrange esprit que celui des militants de gauche ! On y est rationaliste, on s'y défie de la croyance, et l'on affiche volontiers un scepticisme général. Mais dès qu'il s'agit de l'État, c'est le fidéisme qui domine, et même la mentalité magique. Michel Rocard avait été blâmé pour avoir estimé que la France ne pouvait pas accueillir toute la misère du monde. Eh quoi ! S'il avait tort, est-ce à dire qu'elle pouvait l'accueillir tout entière ? Quand Lionel Jospin fut sévèrement repris pour avoir estimé que l'État ne peut pas tout, faut-il en conclure que pour ses censeurs l'État peut effectivement faire n'importe quoi ?

Il faut comprendre les mécanismes mentaux qui fondent chez nous la bigoterie étatique. Ils ont des racines profondes dans notre Histoire. Avant l'État moderne, il existait déjà en France un lieu unique, une instance de justice absolue au-dessus des hommes, des conditions, des territoires : c'était l'institution monarchique. L'immense prestige dont elle a joui pendant des siècles reposait sur l'idée de justice royale. C'est la supériorité reconnue par le peuple de la justice royale sur la justice seigneuriale qui a permis à la monarchie française de progresser dans les esprits et dans les cœurs. La main de justice est l'un des attributs essentiels de la royauté. L'imagerie populaire représente saint Louis rendant la Justice sous un chêne. Qu'est-ce à dire, sinon que nous ne sommes pas condamnés à la contingence, à la relativité de toutes choses humaines, puisqu'il existe un recours suprême, puisque le roi est le magistrat suppléant du Jugement dernier à venir ? La transcendance de l'État français n'a fait que prendre la suite de cette transcendance de la justice royale. Toutes les démystifications marxistes – du type : le prétendu État impartial n'est que le reflet de la domination des classes possédantes – sont venues se briser sur cette conviction : la Justice n'est pas impossible en ce monde ; il existe une instance, le roi ou l'État, qui a vocation à la faire advenir.

Depuis la chute du marxisme, l'extrême gauche française s'est employée à resacraliser de plus belle l'institution étatique. Pour l'intelligentsia pétrie de préjugés d'origine aristocratique, le seul argent qu'il est légitime d'acquérir est celui qui vient de l'État. Il est le blanchisseur suprême. L'argent du roi est le seul pur. Le commerce et l'industrie, ces activités triviales, ne retrouvent leur noblesse qu'entre les mains de l'État. D'où la préférence absolue pour le secteur public, le prestige dont jouissent en France les monopoles étatiques. Au pays de Descartes, l'État est l'incarnation de l'universalisme rationnel de Hegel.

Telle est la justification dernière de cette préférence pour l'État qui continue de dominer la politique française. La contrepartie en est moins noble.

Car cette omniprésence de l'institution fonde en pure logique l'irresponsabilité du citoyen. On allait écrire : du sujet. Rien n'est plus étranger à la mentalité française que l'idée d'une société autonome, se gouvernant elle-même, au lieu de se laisser régir par la Providence, voire par la fatalité. Un grand universitaire américain, amical et volontiers provocateur, comme on l'est souvent là-bas, me dit un jour à brûle-pourpoint :

« Naturellement, la France n'est pas une démocratie...

— Ah bon, et pourquoi donc ? lui demandai-je.

— Parce que vous avez un gouvernement !

— Mais vous-mêmes ?

— Nous n'avons pas un gouvernement, nous avons une administration. »

Vision bien théorique, mais vision révélatrice. Aux États-Unis, les citoyens sont comptables de leur destin. En France, c'est l'État qui s'en charge. La moindre réserve sur l'omnipotence de celui-ci déboucherait sur cette cruelle nécessité : prendre en main sa propre destinée. Aux États-Unis, la Constitution fonde le droit de chacun à œuvrer pour son propre bonheur. En France, l'État fonde la croyance au déterminisme social. Ce que les Français détestent dans le libéralisme, c'est l'idée d'une société autonome. Certes, les mêmes sont violemment attachés à l'individualisme, c'est-à-dire à leur quant-à-soi. Mais c'est un individualisme sous condition ou, comme on dit au Palais, sous contrôle judiciaire. Un pays qui a poussé à ce point la coexistence en chacun de nous de deux principes contradictoires, à savoir l'individualisme et l'irresponsabilité, n'est assurément pas facile à gouverner.

Nous sommes depuis plus de mille ans des sujets – sujets du roi ou sujets de l'État – en situation d'insubordination permanente.

L'embellie Jospin fut une réalité. Grâce à une conjoncture économique favorable et au recours à de substantielles aides de l'État, le chômage recula sensiblement. La victoire de la France dans la coupe du monde de football qu'elle organisait (1998) acheva de convaincre les Français qu'ils étaient redevenus la Grande Nation et que, mieux que les autres, ils étaient en train de résoudre la redoutable question de l'intégration des immigrés. Tout cela en travaillant moins et en réfléchissant encore moins ! C'était la revanche des élites sur les salariés du public ; elle faisait de Jospin, à son corps défendant, le porte-parole de la France moderne. Cadeau empoisonné, euphorie de courte durée. C'est justement cette réconciliation de la tradition socialiste avec l'esprit de la modernité qu'une certaine gauche ne pardonnerait pas à Lionel Jospin. À quoi bon gouverner quand on peut rouspéter ? L'esprit de résistance passive reprenait le dessus. Aux premières difficultés, le front du mécontentement, à une poignée d'électeurs socialistes près, se reforma dans les mêmes conditions que précédemment.

*Le meurtre symbolique de Lionel*

À ce refus en profondeur du tournant réformiste dans près de la moitié de la gauche française il ne restait plus qu'à ajouter une touche spectaculaire et émotionnelle : ce fut le 21 avril 2002, l'élimination de Lionel Jospin de la course présidentielle par Jean-Marie Le Pen, événement que Nicolas Baverez a justement qualifié de « krach civique ». Dans cette affaire, le point important n'est pas le score du vainqueur, mais celui du vaincu. Certes, il n'est pas sans importance que le leader du Front national ait gagné près de 2 points sur son meilleur résultat présidentiel antérieur (16,86 % au lieu de 15,27 % des voix en 1995). Mais, surtout, Lionel Jospin plafonnait à 16,18 %. Pourtant, aucune catastrophe ne se profilait à l'horizon, et le Front antifasciste qui déploya ses vagues humaines à l'occasion du 1$^{er}$ mai jouait à se faire peur. C'est un leader frontiste sur le déclin qui obtenait son meilleur résultat. Pendant toute la campagne, il s'était appliqué à présenter une image bonhomme et rassurante, aux antipodes de ses provocations précédentes. La preuve était faite que le Front national capitalisait ses victoires, non sur ses excès, mais bien sur ses idées. Une fois débarrassé de ses accents racistes, antisémites, à connotation fascisantes, le thème de la préférence nationale, version modernisée de l'isolationnisme à la française, depuis « la France seule » de Charles Maurras, hante la pensée de toutes les extrêmes droites. Mais, cette fois, l'écho de ce francocentrisme était infiniment plus large. Sous des formes déguisées, il était présent dans les critiques de nombreux intellectuels contre l'Europe. L'éclipse du lepénisme dur permettait l'avancée d'un lepénisme doux, policé, camouflé derrière l'apologie de la nation, cet horizon indépassable de toute politique démocratique. Oui, un lepénisme démocratique était né, qui proliférait non seulement sur ses terres d'élection souverainistes, mais à gauche et à l'extrême gauche ainsi que chez de nombreux intellectuels.

La haine de la réforme fédérait tous ces néo-nationalismes ; elle était le moteur inavoué de la campagne anti-Jospin qui cheminait obscurément dans les cervelles de gauche. Il importe finalement peu que les diverses candidatures, du trotskyme révolutionnaire au conservatisme radical, aient invoqué le prétexte de la lutte des classes (Laguiller), du primat du mouvement social (Besancenot), du réformisme musclé (Hue), de l'intérêt national (Chevènement), voire du féminisme antiraciste (Taubira). Toutes ces causes n'étaient que le camouflage de cet obscur objet du ressentiment : la social-démocratie.

Le bilan de Lionel Jospin ne justifiait pas cette hargne, bien au contraire. Dans un pays qui feint d'être obsédé par le sort de ses chômeurs, il arrivait avec une baisse spectaculaire (environ 25 %) du nombre de ceux-ci. Qui aurait pu se vanter d'avoir fait mieux ? Qui aurait pu croire dans ces conditions que la gauche française allait massivement lui refuser sa confiance ? En vérité, en dépit d'hypocrites gémissements, les Français s'accommodent très bien du chômage des autres ; leur seule angoisse est d'aller en grossir le nombre. Entre le mérite d'avoir fait baisser le nombre des chômeurs et le corollaire de cette baisse, la stagnation des salaires, la moitié de la gauche « socialiste » (sic) n'hésita pas : elle vota contre Jospin. C'est ce que Denis Olivennes a justement nommé la « préférence française pour le chômage ». L'angoisse de devenir chômeur, qui domine les réactions de nombreux salariés, n'entraîne aucune espèce de solidarité avec ceux qui le sont déjà. Dans le Sud, après la guerre de Sécession des États-Unis, les petits Blancs n'avaient qu'une angoisse : rejoindre le sort et la condition des esclaves noirs. D'où leur racisme exacerbé.

Alors, tout bien pesé et considéré ; une fois la part faite à l'égoïsme des élites, aux formes nouvelles de la souffrance sociale, aux ratés du système politique, il faut bien se résoudre à conclure qu'aucune de ces causes, qui sont loin d'être absentes ailleurs, ne peut expliquer l'espèce de régression mentale que nous connaissons depuis dix ans ; qu'au moment où le pays a paru aborder aux rivages nouveaux pour lui de la responsabilité et de la réforme, il a soudain reculé et fui vers le grand large, là où n'existe d'autre horizon que celui du rêve et de l'imagination.

Au lendemain du séisme du 29 mai dernier, un ami, dont je connais depuis toujours l'attachement à la gauche, m'écrivait ceci qui me poursuit :

« Quelle tristesse que ce non ! Les excès de la critique du libéralisme montrent combien nous avons négligé de faire la critique du système soviétique. La déstalinisation idéologique reste à faire. »

*Le communisme : un fantôme qui a la vie dure*

Ce fut pour moi un trait de lumière. Et si, au fondement dernier de ce refus du monde d'aujourd'hui qui singularise la France parmi les nations, à l'origine des chimères qui se sont dites au printemps dernier sur la possibilité pour elle de renverser le cours de l'Histoire et d'entraîner les autres peuples vers une Europe socialiste, il y avait la plaie inguérissable du communisme ? François Mitterrand, c'est l'un de ses mérites, a fini par liquider le communisme comme force politique majeure ; ce faisant, il a dégagé l'horizon pour refonder la gauche sur d'autres bases et sur d'autres valeurs. Mais chassé des urnes, le communisme est demeuré dans les esprits. Oui, cher Antoine, la déstalinisation idéologique reste à faire.

Où et quand vit-on le parti communiste français faire la critique systématique, sans complaisance, de l'immense perversion sur laquelle il a vécu et prospéré ? Jamais, nulle part. Le PCF est passé imperceptiblement du statut de grand parti de la Révolution à celui de groupuscule syndicalisant, pendu aux basques et aboyant aux chausses du parti socialiste. Devenu numériquement négligeable, mais demeuré idéologiquement hégémonique. Arbitre des élégances de la pensée progressiste.

Où et quand vit-on les intellectuels compagnons de route analyser cette aberration mentale qui les avait rendus jadis inconditionnellement solidaires d'un parti et d'une philosophie à laquelle pourtant quelque chose en eux se refusait à adhérer pleinement ? Quelques livres, quelques itinéraires, d'Edgar Morin à Annie Kriegel et à Pierre Daix. Le dernier livre de François Furet sur le *Passé d'une illusion*. C'est à peu près tout. Chut ! Nous sommes ici dans le domaine des secrets de famille, de ceux que l'on n'évoque qu'à voix basse et les volets clos. Chose étrange : quand il s'agit du nazisme, il y a, universellement reconnu, un devoir de mémoire ; quand il s'agit du communisme, il existe, tacitement admis, une obligation de silence. Toute allusion aux complaisances staliniennes qui ont émaillé la vie de Sartre, ce maître supposé de la lucidité, est assimilée à un acharnement maniaque, à un anticommunisme rabique aussi condamnable que le communisme lui-même. Alain Besançon a calculé que, dans *Le Monde*, les allusions aux leçons du nazisme sont cent fois plus nombreuses que les allusions aux leçons du stalinisme. Faut-il en conclure que celui-ci est définitivement chassé des esprits, alors que celui-là continue d'exister comme une tentation permanente ? Après tout, le pape a demandé pardon pour l'Inquisition ; jamais le parti communiste français n'a demandé pardon pour Staline, dont il s'était maintes fois proclamé le disciple obéissant et fidèle. Certes il serait absurde d'imaginer que ce qui hante les cerveaux de l'extrême gauche soit le retour au Goulag. Au contraire ! La plupart de nos néo-révolutionnaires sont, si l'on ose dire, des marxistes de tendance Bakounine. Bien. Mais quelles leçons ont-ils tirées de cette aventure ?

Du reste, convient-il de les qualifier de néo-révolutionnaires ? Ce n'est pas sûr. Le mot révolution a déserté les esprits et les discours, même ceux d'Arlette Laguiller. Un révolutionnaire sans révolution est comme un roi sans divertissement : un homme plein de misères (Pascal). À ce révolutionnaire découronné il ne reste qu'une ressource : la haine de la réforme. Une haine sans cause, un feu sans combustible, mais, à cause de cela, le plus difficile à éteindre. Le malheur de la gauche, il est là : elle ne voit d'issue que dans la réforme, mais elle ne conçoit le bonheur que dans le chambard.

En deuil de ses illusions, elle n'aperçoit dans la réalité qu'un cruel rappel de son impuissance, et Lionel Jospin fut la victime expiatoire de ce grand désabusement. La vie actuelle du parti socialiste après l'épreuve de 2002 continue d'être dominée par la course à gauche et la surenchère verbale, y compris de la part de leaders dont le modérantisme et les liaisons avec le grand patronat sont connus. Qui croira un instant qu'un Fabius, qu'un Montebourg appliqueraient, arrivés au pouvoir, les idées dont ils se prévalent auprès des militants ? Cette insincérité de la vie politique française n'est pas seulement partie intégrante de notre malheur. À la longue, c'est une malédiction.

## III

## LE SPECTRE DU DÉCLIN

Le thème du déclin a mauvais presse : il fleure trop les années trente et la philosophie de l'histoire de Spengler, soupçonnée de connivence avec le totalitarisme. Il en va aujourd'hui des philosophies du déclin comme de celles du progrès : elles véhiculent des a priori que la suite n'a pas confirmés. Elles imposent leur clôture à une Histoire qui semble pourtant s'inventer à chaque instant ; elles sont surdéterminées par une Raison à l'œuvre dans l'événement. Nous n'ajoutons plus foi à ce déterminisme rationnel ; à défaut de croire à la liberté humaine, nous faisons une place croissante au hasard ou à l'indétermination relative des phénomènes politiques et sociaux.

### N'insultez pas une France qui tombe

Fort heureusement, la langue française est assez riche pour éviter certains écueils du vocabulaire. Ce qui n'est plus accepté aujourd'hui, ce n'est pas la notion empirique de déclin ; c'est la notion philosophique de décadence. Symétriquement, nous sommes désormais allergiques au concept général de progrès, qui implique un jugement de valeur sur le sens de l'évolution ; en revanche, nous acceptons de parler de développement, parce que c'est une réalité vérifiable et même quantifiable. Quand il s'agit des sociétés et des civilisations, nous savons très bien qu'elles peuvent décroître et même mourir, tandis que d'autres prospèrent et se développent.

Il s'est élevé depuis quelques années un débat, dont on n'aurait même pas eu l'idée trente ans auparavant : la France est-elle sur son déclin ? C'est le brillant essai de Nicolas Baverez, *La France qui tombe* (Perrin) qui a le mieux exprimé l'ensemble des thèses « déclinistes ». L'existence même d'une telle controverse est symptomatique d'une inquiétude nouvelle. À supposer que l'on aboutisse à une conclusion négative, cette inquiétude mérite d'être analysée pour elle-même : et si la France, à défaut de décliner réellement, était en train de consentir, par provision, à la perspective de son déclin ? Et si elle trouvait à celui-ci un charme nouveau, par contraste avec les lourdes exigences d'un développement indéfini ? Faut-il continuer de lutter contre l'inévitable, au moment où toutes les données objectives inclinent au pessimisme ? Il y a, comme dans Verlaine, une insinuante douceur à se laisser aller, comme à s'endormir, à bout de forces, dans l'immensité neigeuse :

> Je suis l'Empire à la fin de la décadence
> Qui regarde passer les grands barbares blancs.

On doit en effet compter avec certaines données objectives contre lesquelles on ne peut pas grand-chose. Une partie de la puissance française en matière géostratégique, culturelle et même économique dans le monde de la première moitié du XX$^e$ siècle était fondée sur les colonies. Il en allait de même du Royaume-Uni. Ce n'est donc pas un hasard si les deux pays dont le déclin dans la deuxième moitié du siècle a le plus fait parler ont été le Royaume-Uni d'abord, la France ensuite. Dans le cas de cette dernière, à la perte constituée par l'indépendance de son ancien empire colonial s'est ajoutée l'hémorragie humaine et financière des guerres de décolonisation, Indochine d'abord, Algérie ensuite. Il a fallu réimaginer la puissance à frais nouveaux en faisant abstraction de ses fondations passées. C'est ce qu'a fait résolument le général de Gaulle : assainissement financier, relance économique, choix de l'option nucléaire en matière civile et militaire. Et l'intendance a suivi. C'est la descendance qui s'est arrêtée en route.

Même remarque au chapitre de la population. La politique démographique la plus intelligente et la plus dynamique n'empêchera jamais que le poids de la France – comme du reste celui de l'Europe et des États-Unis d'Amérique – n'aille se réduisant au regard des énormes nappes humaines qui depuis cinquante ans déferlent sur l'Asie. Quand des pays comme la Chine et l'Inde dépassent le milliard d'habitants, il s'agit, par rapport à nous, d'un changement d'échelle. À l'aune de ces chiffres, la place de la France et du Royaume-Uni au Conseil de sécurité de l'ONU est un héritage historique qui ne pourra à terme être préservé que grâce à la poursuite de la construction européenne. Songeons qu'au XVIIe siècle la France était la première en Europe par sa civilisation, mais aussi par sa population. Son hégémonie était autant matérielle que spirituelle. À l'ère démocratique que nous vivons, le poids du nombre est devenu presque insurmontable. Peut-être les États-Unis, qui sont en train d'être débordés à leur tour, figureront-ils dans l'histoire comme le dernier pays à avoir pu exercer seul son hégémonie sur le monde, contre toute logique démographique. Là encore, nous devons nous apprêter à subir la loi de la mondialisation.

Dans le même ordre d'idées, rien n'empêchera enfin que le déclin relatif du français ne se poursuive dans le monde de demain. Dans le domaine de la communication internationale, l'anglais a définitivement gagné la partie. Sa marche en avant au détriment du français a commencé dans le dernier tiers du XIXe siècle, mais c'est l'avènement des États-Unis comme première puissance mondiale qui a précipité l'alternance et qui lui permet d'en recueillir les bénéfices innombrables. Certes, la langue française, si elle sait prendre le tournant, a des chances sérieuses de devenir la deuxième langue ou langue de culture – on est tenté d'écrire la langue de résistance – d'une grande partie du monde, à l'exception de l'Asie ; mais la France n'est plus considérée comme une puissance suffisante pour étayer l'universalité de la langue française.

*De Gaulle a donné le change*

Telles sont les données générales. Il n'y a rien là qu'un autre pays de format comparable – mettons l'Allemagne – n'ait lui-même à affronter. Nous avons perdu tous les privilèges qui nous venaient de notre passé et n'avons plus guère à compter que sur nos forces présentes.

Cette prise de conscience, sinon du déclin, du moins du déclassement de la France, un homme et lui seul a été capable de la différer de près d'un demi-siècle. Cet homme, c'est évidemment le général de Gaulle. Était-ce un bien ? Était-ce un mal ? On peut en discuter. Mais l'action de Charles de Gaulle à son retour au pouvoir en 1958 peut figurer comme l'une des meilleures illustrations du rôle des grands hommes dans l'Histoire. À un point tel que la plupart des interprétations du gaullisme sont des contresens radicaux. La gauche et l'extrême gauche ont voulu faire de lui une incarnation d'un bonapartisme autoritaire alors qu'il a sauvé la République des factieux. Nombre de juristes l'ont accusé d'avoir fabriqué une Constitution à sa mesure, alors qu'il était le seul à pouvoir s'en passer. On lui a reproché d'avoir ignoré l'économie et les conditions nouvelles de la puissance, alors que c'est sur elles qu'il a appuyé toute sa stratégie, notamment en matière de décolonisation et d'encouragement à la recherche scientifique. On a voulu voir dans le mouvement de 1968 le soulèvement des forces de l'avenir contre celles du passé, alors que les étudiants révoltés étaient les enfants naturels du gaullisme.

Nous sortirions de notre sujet en entreprenant de justifier chacune de ces propositions. Qu'il nous suffise de prendre acte des effets de sa politique. À la fin de la IVe République, la France était un pays prospère qui titubait dans l'incertitude et la morosité. Son système politique était bégayant, sa volonté mal assurée. De plus, les Français s'ennuyaient et, comme à l'ordinaire, ils transformaient leur délectation morose en fronde contre leurs dirigeants. De Gaulle, sans hésitation, coupa les branches mortes : colonialisme, parlementarisme. Il s'appuya sur la société civile contre la société politique et sur la haute administration contre les partis. Il refit de l'État ce qu'il avait été au temps de Colbert, de Bonaparte et même de Napoléon III : le foyer de la volonté nationale. Avec habileté, avec démagogie parfois, il s'appuya systématiquement sur l'opinion publique en la mettant dans son jeu. Il entreprit de persuader les Français qu'ils étaient en train de redevenir la Grande Nation et mobilisa toutes les ressources de la politique étrangère autour des apparences de la grandeur. Ce faisant, il réussit à donner le change aux Français d'abord, à l'étranger ensuite. Sans être dupe de ses prestiges : « Je les amusais avec des drapeaux », confie-t-il à Malraux dans *Les chênes qu'on abat*. Les Français se sentirent estimés ; ils devinrent estimables. La vieille machine rouillée de la centralisation étatique se dégrippa et se mit à tourner à plein régime. Et comme elle a toujours été en France la vraie réalité que la gauche décore d'ordinaire du nom de socialisme, cette gauche fut réduite au silence. Ses intellectuels mirent environ vingt ans pour faire rétrospectivement de lui le souverain selon leur cœur, mais beaucoup finirent par y venir, de Régis Debray à Max Gallo. Aujourd'hui encore, décortiquez le programme de l'extrême gauche, raclez-le jusqu'à l'os. Derrière le bavardage anticapitaliste, vous ne trouverez comme perspective d'avenir qu'un gaullisme rebouilli.

Cette vision de grande politique était rendue possible par un exercice de haute voltige que Valéry Giscard d'Estaing a nommé « exercice solitaire du pouvoir ». Puisque le but recherché était de rendre aux Français confiance en eux, l'engagement d'un individu, d'une personnalité d'exception était la condition nécessaire. Selon une analyse devenue classique, celle de Jesse R. Pitts dans *À la recherche de la France* (Seuil, 1963), ce que les Français attendent prioritairement de leur leader, c'est l'exercice solitaire d'une prouesse. Ils se massent au-dessous de la corde sur laquelle le funambule évolue, et prennent les paris : tombera ? tombera pas ? Ils ont en somme besoin d'un champion qui porte leurs couleurs, sans trop les déranger dans leur quotidien. Ils nourrissent une conception héroïque de l'existence, mais par délégation. On a vu successivement Pétain, de Gaulle, Pinay, Mendès France, de Gaulle à nouveau dans ces figures imposées. En un mot, il y a bien en France une politique-spectacle, mais il faut préciser que c'est toujours un one-man-show. C'est pourquoi ces phases acrobatiques, agrémentées de défis, de délais, de calendriers, de rendez-vous réguliers, comme la liturgie annuelle de l'Église catholique, se nomment des « expériences ». Aux risques et périls de qui les entreprend. Tout récemment encore, Dominique de Villepin a sacrifié à ce rituel typiquement gaulliste en se donnant cent jours pour convaincre les Français que le chômage pouvait être vaincu. Écoutez les conversations d'avant présidentielle. Le seul sujet abordé s'énonce ainsi : quel sera le meilleur funambule ? Jusqu'à une date récente, la droite était convaincue d'avoir déniché l'oiseau rare : Nicolas Sarkozy. Depuis quelques mois, un concurrent s'est fait connaître, qui risque de compliquer le jeu : Dominique de Villepin. Alors, le grand Duduche ou le petit Nicolas ? La faiblesse actuelle de la gauche est de disposer de quantité de funambules en puissance, dont aucun n'emporte l'entière conviction : Lionel Jospin, François Hollande, Dominique Strauss-Kahn, Jack Lang, Laurent Fabius, voire Ségolène Royal ou Martine Aubry : c'est beaucoup pour un exercice solitaire.

*Le bonheur est un péché*

En attendant un sauveur capable de les distraire du quotidien, les Français continuent de broyer du noir. Avec autant de chômeurs, les Espagnols sont en pleine euphorie ; avec des problèmes d'immigration comparables, les Anglais conservent le moral dans la tourmente ; avec des réformes de structure aussi difficiles à accomplir, les Allemands font face avec courage. Avec la misère et l'insécurité à leur porte, les Brésiliens respirent la joie de vivre. Les Français, eux, n'ont pas de ces naïvetés ; toute marque d'optimisme leur est suspecte. Il y a quelques années, au retour d'une longue randonnée à bicyclette à travers les Cévennes, je me laissai aller à écrire qu'avec toutes ses souffrances, ses difficultés d'être, la France était tout de même un beau pays, et qu'il valait la peine d'y vivre. Cet article me valut plusieurs dizaines de lettres, souvent indignées. Non par la banalité du propos, comme je l'aurais volontiers admis. Mais par ma dureté de cœur et mon parti pris esthétique. Une telle sensibilité aux paysages cachait nécessairement une insensibilité aux personnes. Que savais-je, pour parler de la sorte, de la condition d'un instituteur de la Lozère ou d'un receveur des postes du Gard ? Pour avoir longtemps milité dans le syndicalisme enseignant et pris souvent la défense des instituteurs, je me croyais naïvement à l'abri de tels reproches. Puis, je me pris à méditer sur les raisons de cette humeur chagrine systématique qui a envahi la France depuis une quinzaine d'années, et qu'au retour d'un voyage à l'étranger le premier chauffeur de taxi rencontré à Roissy ou à la gare de Lyon se charge de nous rappeler.

On pourrait juger de tels symptômes anodins, tout juste bon pour un exercice superficiel de psychologie des peuples. Le Français est né râleur, nous le savons bien. Alain, l'auteur des *Propos*, a même fait de la rouspétance un des fondements de la démocratie en général et de la philosophie radicale en particulier. « Obéir en protestant, voilà tout le secret », s'extasie-t-il.

En vérité, les choses sont moins simples, et la situation actuelle est plus préoccupante. Ce n'est pas la philosophie du *Canard enchaîné* ou des *Guignols de l'info* qui est ici en cause : ce besoin de ne pas être dupe, cette râlerie contre les Grands est plutôt saine dans son principe. C'est bel et bien d'une véritable conscience malheureuse qu'il s'agit. Le sentiment de n'être pas reconnu à sa propre valeur. L'impossibilité de sortir de sa condition. Et brochant sur ces sentiments individuels, la conviction que la France est sur son déclin. Rien n'est plus impressionnant que la fuite de nos talents vers l'étranger : tant de jeunes préfèrent aujourd'hui les brumes de Londres aux lumières de Paris !

Il faut examiner ces réalités nouvelles à l'aune de l'expérience. Je veux le faire ici dans trois domaines : la politique étrangère, l'économie, la culture.

## *L'illusion diplomatique*

Le premier instrument de prestige pour une nation, c'est sa politique étrangère. C'est à travers elle et à travers l'image que les autres lui renvoient de lui-même qu'un peuple acquiert une identité et se forge un dessein. Le plus souvent, les satisfactions comme les déconvenues sont symboliques ; mais ce sont des symboles agissants, dont les dirigeants se servent pour asseoir leur autorité. On a déjà dit comment le général de Gaulle s'était servi de sa politique d'indépendance envers nos alliés pour obtenir des Français un sursaut d'identité. Voyez encore comment Margaret Thatcher a instrumentalisé la guerre des Malouines, guerre picrocholine pour quelques arpents rocheux, afin de redonner aux Anglais leur fierté et l'orgueil du pavillon. Très souvent, la politique étrangère, c'est la politique intérieure poursuivie par d'autres moyens.

Qu'en est-il de la France ?

Depuis près d'un demi-siècle, c'est-à-dire depuis le retour de De Gaulle au pouvoir, notre politique étrangère est fondée sur deux principes : la recherche de l'autonomie maximale de la France dans le respect de ses alliances ; le renforcement de son rôle dans la construction européenne grâce au couple franco-allemand. Selon les moments, et selon les présidents, c'est l'un ou l'autre de ces principes qui a été dominant par rapport à l'autre. De Gaulle a poursuivi la construction européenne, malgré ses réticences, car il a compris que sans l'Hinterland européen il n'y avait pas d'autonomie possible de la France vis-à-vis des alliés américains ; inversement, Mitterrand a poursuivi la politique gaullienne vis-à-vis des États-Unis pour asseoir sur des bases solides l'édifice européen.

L'important, c'est que l'un et l'autre ont fini par admettre la complémentarité de ces deux principes ; d'où la continuité de notre politique étrangère, contrastant avec les oscillations des autres pays européens, à l'exception de la Grande-Bretagne. Celle-ci n'a cessé d'appliquer la clause churchillienne de préférence pour le Grand Large ; l'Allemagne au contraire a oscillé entre un atlantisme rigoureux et un neutralisme conjoncturel. Quant à l'Italie, il y a longtemps qu'elle a sous-traité aux États-Unis sa politique étrangère.

Où en sommes-nous de l'application de cette politique à l'ère Chirac ? Incontestablement, le balancier, après le départ de François Mitterrand, est reparti dans la direction gaullienne. Jacques Chirac n'a jamais été européen de cœur, mais s'est comporté en Européen de raison.

Parce qu'il a évolué ? Non : parce qu'il est devenu président de la République. C'est la fonction qui crée la conviction, et qui a fait du dénonciateur du « parti de l'étranger » un Européen très acceptable. Car s'il y a bien des façons d'être européen dans l'abstrait, il n'y a pas pour le président de la République française de solution de rechange à l'Europe. J'entends : l'Europe réelle, celle qui se construit en marchant. Pas de fuite possible dans les échappatoires d'une Europe imaginaire. C'est la preuve par Chirac que l'Europe est notre avenir. Voilà qui permet de relativiser les outrances et les impostures de la dernière campagne référendaire : prenez le plus acharné des partisans du non ; installez-le – simple hypothèse d'école ! – à l'Élysée, vous en ferez un Européen très convenable.

Dans le cas de Jacques Chirac, cet apprentissage a coûté bien cher. Ce n'est pas du jour au lendemain qu'il a reconstitué avec Gerhard Schröder le fameux couple franco-allemand, illustré avant eux par de Gaulle et Adenauer, Giscard et Schmidt, Mitterrand et Kohl. Les affinités n'y sont pour rien, non plus que les opinions politiques. C'est la force des choses qui est à l'œuvre. Dans le cas de Chirac et de Schröder, il a manqué au départ la pointe de passion qui fait les bons mariages de raison. Résultat : un long surplace. Pis que cela : on a perdu beaucoup de temps et surtout de crédit à réparer chemin faisant les accrocs faits au contrat de mariage. C'est, ne l'oublions pas, la mésentente entre les deux hommes qui nous valut le désastreux traité de Nice (décembre 2000), point de départ de nos malheurs actuels. Car, le traité à peine ratifié, il a fallu remettre sur le chantier un texte qui ne permettait pas à une Europe en expansion territoriale continue de faire face à ses responsabilités. Pour solenniser les retrouvailles, on a donc élevé ce qui devait être un « règlement intérieur »

(Michel Rocard) à la dignité d'une Constitution. On connaît la suite. Nous ne sommes pas près de sortir d'un imbroglio qui aurait parfaitement pu être évité. En tout cas, le fait est indéniable : depuis Maastricht (1992) l'Europe est en panne et le moteur franco-allemand, contesté de toutes parts.

En revanche, Jacques Chirac s'est inscrit sans équivoque dans la tradition gaullienne tout au long de l'affaire irakienne. De Gaulle ne s'est jamais privé de lancer des mises en garde à nos alliés. À qui soulignera qu'il n'est jamais allé jusqu'à une menace de veto on demandera si les admonestations publiques du discours de Phnom Penh envers les Américains, à propos du Viêtnam (1966), ou l'embargo des armes envers nos alliés israéliens pendant la guerre des Six-Jours (1967) ne sont pas du même acabit : de Gaulle est allé jusqu'à se retirer de l'organisation militaire du Pacte atlantique et à enjoindre les militaires américains du SHAPE de quitter la France dans les meilleurs délais. À qui s'étonnerait de ces méthodes un peu rudes on rappellera toutefois que la responsabilité initiale en incombe aux Américains : a-t-on oublié que lors de l'expédition de Suez les États-Unis condamnèrent vertement l'initiative anglo-franco-israélienne, et nous laissèrent complaisamment menacer de représailles nucléaires par l'Union soviétique ?

Mais il y a une grande différence entre les admonestations françaises et les diktats américains. De Gaulle n'a pas arrêté la guerre des Six-Jours ; c'est le Viêt-minh, et non le général qui a mis fin à l'intervention américaine au Viêtnam. Chirac n'a pu empêcher l'invasion de l'Irak ; à l'inverse, quand les États-Unis et l'Union soviétique élevèrent la voix en 1956, les Anglais et les Français s'arrêtèrent net.

On aurait tort, pourtant, de croire que les différends franco-américains reposent essentiellement sur l'humeur ou, comme le suggèrent les néoconservateurs, sur la susceptibilité du plus petit des deux protagonistes. En réalité, deux visions du monde s'affrontent, et la plus archaïque n'est pas celle que l'on croit. Les Américains ont une conception « unilatérale » de leur action, parce qu'ils ont une vision « unipolaire » du monde. Certes, ils sont bien obligés de convenir, notamment depuis leur enlisement en Irak, que le monde n'est guère pressé de leur obéir et que les Irakiens sont bien ingrats ; mais ils restent persuadés que les canons – si l'on ose dire – de la démocratie américaine sont à même d'unifier le monde. À l'inverse, Chirac et avant lui de Gaulle ont une conception « multilatérale » de l'action internationale parce qu'ils estiment que le monde est irréductiblement « multipolaire » et le deviendra chaque jour davantage. Curieux renversement : l'universalisme américain descend en ligne directe de la Révolution française, tandis que le particularisme français s'apparente davantage à la doctrine de Monroe...

*Avoir raison seul est une grande erreur*

La vérité est que la vision américaine – autre paradoxe – est à la fois idéaliste et abstraite, tandis que la vision française est réaliste et concrète. Nous allons, bon gré mal gré, vers des ensembles régionaux qui seront de plus en plus les acteurs réels de la scène internationale. On peut le déplorer, surtout à l'époque du terrorisme transfrontières et de la dissémination nucléaire. Mais il faut en prendre conscience. La conception française n'exclut pas le leadership des grandes nations occidentales ; mais elle prend acte des particularismes nationaux et des inégalités du développement démocratique.

Fort bien. C'est la France qui a raison. L'ennui, c'est qu'elle n'a pas les moyens de son bon droit. L'affaire irakienne a été la double démonstration de ce que l'on avance ici : les Américains se sont trompés et les Français ont été impuissants. Inutiles Cassandres, nous avons, pour parler comme Chateaubriand, fatigué les nations de nos conseils et de nos avertissements. Ce discours nous a valu sur le moment quelque prestige, et à Jacques Chirac une popularité inégalée depuis de Gaulle dans le tiers-monde. Mais nous n'en avons tiré aucun profit.

La France, en politique étrangère comme ailleurs, est aujourd'hui à un tournant. Les prestiges de notre Verbe sont, à l'instar du célèbre discours de Dominique de Villepin devant le Conseil de sécurité (14 février 2003), autant de déjeuners de soleil. Le moment est venu où nous allons devoir refaire nos forces ou nous soumettre. Nous soumettre, c'est-à-dire capituler devant une pression atlantique qu'on ne saurait confondre avec la solidarité nécessaire qui doit continuer de nous unir à nos alliés ; nous en remettre à Washington des grandes orientations de l'avenir. Ceux qui seraient tentés par cette voie n'ont qu'à en contempler les résultats à travers l'exemple anglais. Quand le chef de la gauche anglaise se fait l'allié docile et complaisant du chef de la droite américaine, le résultat est un échec total. Au demeurant, comment contempler sans frissonner le cycle infernal dans lequel nous sommes malgré nous entraînés ? Une Amérique détestée de ses obligés eux-mêmes, une opposition internationale absente ou impuissante, le face-à-face de deux camps ennemis se réclamant l'un et l'autre de la protection de Dieu ; une opinion internationale qui finit par mettre les victimes du terrorisme sur le même plan que les assassins, tant celles-ci commettent de maladresses, tant elles sont tentées de retourner contre l'agresseur les armes de la barbarie !

C'est ici que nous devons nous souvenir de ce que nous disions en commençant ; l'indépendance de notre politique étrangère et notre engagement dans la construction de l'Europe ne sont pas deux objets séparés : ils ne se comprennent pas l'un sans l'autre. Si nous voulons faire entendre notre voix dans le concert du monde ; si nous voulons collaborer avec les Américains sur un pied d'égalité, l'Europe nous est nécessaire. Il y avait quelque chose de burlesque – si les effets n'en avaient pas été aussi désastreux – dans les rodomontades anti-américaines de certains partisans du non. Sait-on ici que les résultats négatifs du référendum ont été accueillis par des cris de joie chez nos adversaires néo-conservateurs américains ? « Vive la France ! » s'est écrié ironiquement l'un d'entre eux – tandis que nos amis démocrates et libéraux ont été saisis de consternation. Oui, je maintiens le mot que l'on m'a reproché : les souverainistes qui ont envoyé par le fond nos espoirs de puissance en même temps que le projet de Constitution sont de tristes gribouilles. Ont-ils dit un mot, au lendemain des résultats, sur la situation internationale ainsi créée ? Je ne l'ai pas entendu. Ont-ils fait un geste pour donner un début de consistance à cette Europe des peuples, appelée selon eux à se substituer à la construction bureaucratico-libérale de Bruxelles ? Pour ma part, je ne l'ai pas aperçu. Laissons les donc à leurs jeux de plage présidentiels.

Et tenons-nous-en au bilan. Un bilan sans conteste négatif. La France vient de faire la démonstration de son incapacité à tenir ses promesses. Ceux qui nous ont d'abord suivis dans notre opposition à l'aventure américaine se retirent sur la pointe des pieds. La Russie a repris ses distances ; l'Allemagne, après des élections ambiguës, est entrée dans l'incertitude ; l'Espagne de Zapatero, rendue prudente par la tournure des événements, semble se rapprocher de l'Angleterre. Les imprudences verbales de Jacques Chirac ont contribué à nous aliéner plusieurs de ces pays de l'Est, à commencer par la Pologne, où nous conservions de fortes sympathies.

Faut-il parler d'isolement ? Pas tout à fait, car la France en tout état de cause, reste un partenaire essentiel. Mais l'échec de la Constitution européenne est une aubaine pour l'Angleterre qui voit confirmées dans les faits toutes ses préventions contre une Europe qui eût été à la fois un ensemble politique cohérent et une puissance mondiale indépendante. D'une façon générale, le double jeu français à l'égard de l'Europe a éclaté au grand jour : ce n'est pas la première fois que nous manifestons des ambitions grandioses, quitte à renâcler au pied du mur. Le peuple français en votant non à l'Europe aux cris de « Vive l'Europe ! » n'a fait que s'aligner sur la duplicité de ses dirigeants. Il faudra beaucoup de temps et beaucoup de constance pour que nous soyons à nouveau pris au sérieux. Quand on ne sait pas où l'on va, on a de la peine à s'y faire accompagner.

*La défaillance économique*

Mais c'est bien sûr au chapitre de l'économie que le déclin français paraît le moins discutable. Parce qu'il s'agit de grandeurs mesurables et par conséquent de grandeurs comparables. Il serait en effet absurde de parler de déclin dans l'absolu. Notre paupérisation, si elle existe, ne saurait être que relative, tant la consommation, cette déesse tyrannique de nos sociétés, continue de croître. Nous nous enrichissons moins vite que nos partenaires, voilà le problème. Il est bien loin – quarante ans environ – le temps où les futurologues s'accordaient à faire de la France le grand pays d'avenir à l'intérieur de l'Europe. Aujourd'hui, les mêmes seraient tentés, avec le même risque d'erreur, de faire d'elle l'homme malade de cette même Europe. Il est vrai qu'à l'infirmerie nous côtoyons l'Allemagne et l'Italie, qui furent longtemps citées en exemple. Pour résumer le diagnostic, on dira que la France est en retard au sein d'une Europe qui est elle-même en recul.

Certes, toutes les grandeurs ne sont pas comparables. Le fort taux de croissance de la Chine, mais aussi des pays d'Europe centrale et orientale, n'est qu'un rattrapage. Il est plus facile d'avoir un taux de croissance de 5 % lorsque l'on vient du sous-développement que lorsqu'on est déjà installé dans la prospérité. Cela ne fait d'ailleurs que souligner la valeur de la performance américaine : le pays le plus riche du monde continue de s'enrichir au rythme de 3,5 % de son PIB (produit intérieur brut) par an.

De ce point de vue, les comparaisons internationales sont cruelles pour nous. Des pays que l'on n'attendait pas, comme l'Espagne ou l'Irlande, sont en train de nous rattraper et de nous dépasser à grandes enjambées. Pour la première fois depuis un quart de siècle, l'Espagne a connu au deuxième trimestre 2005 un taux de chômage inférieur à 10 % de sa population active. À quelque chose près, le taux français. Mais les Espagnols comptaient encore à la fin des années quatre-vingt, sous le gouvernement de Felipe Gonzalez, 23 % de chômeurs. Pendant la même période, la France, malgré l'embellie Jospin, est restée stable autour de 10 %, et c'est cette stabilité qui paraît inquiétante. Pas pour tout le monde, puisque cette stagnation presque unique au monde n'amène pas les politiques à s'interroger sur le fameux modèle français, l'un des plus coûteux du monde et, sans conteste, aujourd'hui l'un des plus inefficaces.

— Eh quoi ! Vous voilà donc libéral, puisque vous ne vous satisfaites pas de nos désastres ?

— Je ne suis rien de cela. Depuis quand la fermeté doctrinale consisterait-elle à nier l'évidence ? Or le constat a été fait souvent. Il tient en peu de mots : un chômage insupportable, plaie béante et suppurante, qui dure depuis si longtemps qu'il est devenu une seconde nature de notre économie. Ces 9 à 10 % de la population active, auxquels nous ne parvenons pas à donner un emploi ; ces jeunes en plus forte proportion encore qui entrent dans la vie, non l'injure à la bouche, comme dans les romans, mais l'angoisse au cœur ; des adultes qui, s'ils ont un emploi, craignent à tout moment de le perdre ; des vieux que l'on pousse discrètement au rancart. Un formidable malthusianisme s'est emparé de la société. L'emploi y est vu comme une denrée si rare qu'on l'économise telle l'eau dans le désert. On refuse de comprendre que c'est le travail qui crée l'emploi, non sa réduction. Quelles que soient les bonnes intentions qui ont présidé à l'instauration des 35 heures, elles procédaient d'un raisonnement erroné, fondé sur une économie de pénurie : économisons cette denrée rare qu'est le travail ! Il n'y a pas un seul pays au monde, je dis bien un seul, qui en dehors de la France raisonne encore de cette manière.

On connaît le coût économique du chômage qui contribue à déséquilibrer tous nos régimes de prévoyance et qui menace notre fameux modèle social. Avec 10 % de cotisations supplémentaires, la Sécu ne serait plus très loin de l'équilibre, et l'on pourrait espérer servir les pensions de retraite de la prochaine génération. On connaît aussi le coût social de ce chômage, sa contribution au malaise des banlieues, à l'insécurité, à la dégradation des relations entre les individus, mais il faudrait insister davantage sur son coût psychologique : le découragement, le manque de confiance, la renonciation à toute ambition. Il est là, le malheur français ; il était dans nos mains, il est aujourd'hui dans nos têtes. Alors, répétons-le, de peur de passer trop vite à autre chose : le chômage n'est pas une fatalité, puisque tous les autres pays s'en sont sortis : pas nous. Il n'y a plus désormais que la Grèce, la Pologne, la Slovaquie et la Turquie au sein des pays de l'OCDE pour dépasser notre chômage à deux chiffres de l'année 2004. Les États-Unis et le Royaume-Uni ont des taux (4,7 et 5,5 %) inférieurs de moitié aux nôtres. Il n'y aurait rien de politiquement déshonorant à se demander comment ils font pour y parvenir.

Si l'on veut combattre efficacement le chômage, il faut comprendre qu'il n'existe pas. J'entends par là qu'il n'existe pas comme substance concrète, tels le vitriol et le sucre. On parle souvent du chômage comme d'un cancer qu'il faudrait éradiquer ou d'une maladie dont il faudrait tuer le microbe. Aussi longtemps que l'on raisonnera ainsi, on se contentera d'un traitement social qui s'efforce d'atténuer les effets au lieu de s'attaquer aux causes. Le chômage n'est pas un mal mystérieux ; il n'est que la conséquence en termes sociaux de l'insuffisance de création d'emplois. Il n'y a pas de pays affligés d'une propension particulière au chômage, il n'y a que des pays incapables de créer suffisamment de travail.

Il est donc urgent d'encourager la création de travail en France, au lieu de se contenter de répartir la pénurie. Si nous voulons relancer l'économie, il faut cesser de regarder les entreprises en suspectes et les entrepreneurs en exploiteurs potentiels. Il faut considérer la création de richesses comme une activité honorable et socialement utile, au lieu de voir en elle le simple prétexte de l'entrepreneur pour s'enrichir personnellement. Les Français ont depuis longtemps considéré les faits économiques en termes psychologiques et surtout moraux. Ils s'interrogent sur les motivations individuelles des agents économiques au lieu de considérer leurs fonctions sociales. C'est moins ici le christianisme et le socialisme qu'il faut incriminer qu'une tradition aristocratique qui considère l'activité économique du point de vue de la condition sociale des agents plutôt que de leur efficacité.

C'est la grandeur de ce pays, appuyé sur les traditions que je viens d'évoquer, que de continuer, dans un monde dominé par les valeurs mercantiles, à considérer l'industrie et le commerce comme des activités subordonnées à l'épanouissement de l'homme. C'est son honneur de continuer à croire que l'homme ne vit pas seulement du pain qu'il mange et le boulanger de celui qu'il fait cuire. Il est d'autres fins – et d'autres faims – qu'économiques. Mais où a-t-on pris que le matériel et le spirituel sont séparés ? Qu'ils peuvent aller l'un sans l'autre ? Que le marchand est l'ennemi irréconciliable du poète ? Puis-je faire remarquer au passage que les deux plus grands poètes du siècle écoulé, Rimbaud et Claudel, pensaient exactement l'inverse et qu'ils n'avaient que mépris pour cette philosophie de traîne-savates de Quartier latin ?

Dans cette grande nouveauté des vingt dernières années – des Français réputés casaniers allant chercher fortune ailleurs –, il y a la volonté de fuir cet antiéconomisme invétéré dans la conscience de nos compatriotes et pas seulement de ceux qui votent à gauche. C'est en soi un signe positif ; en attendant, ce sont autant de richesses qu'ils font fructifier ailleurs et pas en France.

Car les raisons qui expliquent la faiblesse du taux de croissance français – environ 1,5 % pour l'année en cours contre 2,5 % pour le Royaume-Uni, 2,2 % pour l'Union européenne et 3,6 % pour les États-Unis, ces raisons ne sont pas principalement économiques comme on le croit souvent. Elles sont d'abord psychologiques et politiques. La décision d'entreprendre ou d'agrandir son entreprise, c'est-à-dire de créer des emplois, n'est pas le résultat d'un calcul purement rationnel ; elle intègre des données difficilement mesurables que l'on range sous l'expression de « moral des Français ». Or ce moral est au plus bas. Deux Français sur trois sont désormais persuadés que leur sort ne peut qu'empirer à l'avenir : ce taux est l'un des plus forts d'Europe.

Il est vrai qu'en valeur relative le revenu national par habitant n'a cessé de baisser : il se situe au 15$^e$ rang des pays de l'OCDE en 2003. Avec 27 900 dollars par personne, le Français est aujourd'hui moins bien loti que le Luxembourgeois (52 100), l'Américain (37 600), l'Irlandais (33 800), le Canadien (31 400), l'Australien et le Hollandais (24 300), l'Anglais (29 100), le Japonais (28 000). Nous ne conservons un rang moyen que grâce à la présence en bas du tableau des pays d'Europe orientale, qui sortent à peine du sous-développement.

On pourrait multiplier les indices de ce déclin relatif : la France est désormais au trentième rang en termes de compétitivité des entreprises ; les investissements dans le secteur privé (15,9 % du PIB) y sont inférieurs à la moyenne de l'Union européenne à 25 pays (17 %) ; quant aux dépenses pour la recherche et le développement, essentielles pour l'avenir d'un pays, elles se situent certes au-dessus de la moyenne européenne en 2003 (2,14 %

du PIB), mais en dessous de l'Allemagne, de la Finlande et bien entendu des États-Unis. Encore faut-il préciser que sans l'intervention considérable de l'État nous nous situerions à un niveau inférieur.

Enfin la dette publique a littéralement explosé depuis 1990, s'établissant en 2004 à plus de mille milliards d'euros, soit 65,6 % du PIB. Les seuls intérêts de cette dette absorbent plus de 80 % de l'impôt sur le revenu. Certes, nous n'atteignons pas les sommets grecs (110 % du PIB) et italiens (105,8 %), mais nous arrivons juste derrière. Et, surtout, nous sommes l'un des seuls pays à n'avoir pas réduit cette charge énorme, à la différence par exemple de la Belgique, qui l'a abaissée en dix ans de 140 à 95 % du PIB. Un keynésianisme mal compris continue de persuader les Français que tout déficit est synonyme de relance économique ; ce qui est vrai à court terme ne se retrouve pas dans le long terme, quand l'endettement s'accumule et pèse lourdement sur la croissance. La gauche et la droite partagent la même insouciance, avec mention spéciale à Jacques Chirac depuis son accession à l'Élysée. En déclarant que la France vivait aujourd'hui au-dessus de ses moyens, le nouveau ministre des Finances, Thierry Breton, critiquait implicitement son patron. Et que dire de ce débat surréaliste en 2000 sur la « cagnotte », où l'on n'a pas craint de mettre en balance quelques rentrées fiscales exceptionnelles avec un endettement de plus en plus lourd, et où chacun se demandait ce que l'on pourrait bien faire de cet argent. L'immaturité de l'opinion n'était que le reflet de l'irresponsabilité des politiques.

Il serait inutile de noircir à dessein un tableau qui se présente naturellement avec des couleurs bien sombres. Le bilan ne comporte pas que du passif. L'actif, c'est une productivité de la main-d'œuvre qui est parmi les plus fortes du monde ; c'est une démographie qui reste une des moins faibles d'Europe ; c'est la capacité de la France à attirer des capitaux étrangers en quantité presque égale à celle du Royaume-Uni ; c'est Paris qui dans ce domaine tient tête à Londres. Les investisseurs étrangers ont beau se plaindre des entraves réglementaires à l'activité, du poids des charges sociales et de l'agitation gréviste, le fait est qu'ils reviennent.

Reste que le bilan est globalement négatif. Plus sans doute que les chiffres pris absolument – la France demeure un pays riche au regard du reste du monde –, c'est la pente qui est préoccupante. Depuis une vingtaine d'années, cette pente est descendante, et nous commençons seulement à en prendre conscience. Le Welfare State ne se contente pas d'infantiliser la nation ; il aveugle les politiques qui ont pris l'habitude de vivre la tête dans le sable, de peur d'avoir à dire la vérité au peuple.

*Les feux en veilleuse de la culture*

S'il est un domaine que l'étranger cite volontiers comme symptôme du déclin de la France, c'est justement celui qui a fait longtemps son rayonnement, celui de la culture. Certes, on aurait tort de prétendre, comme on le fait souvent, que les romanciers français ne sont plus lus du tout en dehors de l'Hexagone. Un Michel Tournier, une

Marguerite Duras ont eu des succès remarquables à l'échelle de la planète. Aujourd'hui encore, le phénomène Houellebecq intrigue et passionne à travers le monde. Parce qu'il se situe en dehors de toute école littéraire et fait fi des recherches formelles qui ont agité l'avant-garde depuis une quarantaine d'années, il passe facilement l'obstacle de la traduction et cache une vraie désaffection du reste du monde pour le pays de Balzac, de Stendhal et de Proust. Les recherches formelles du « nouveau roman » ont nourri quelques thèses de doctorat dans le Dakota du Sud, mais ce roman nouveau n'a nullement fait école.

La critique, nouvelle elle aussi, aggrava cette anémie en proclamant la mort du sujet, du personnage, et peut être du romancier lui-même. Celui-ci ne parut avoir plus qu'un souci : se mettre en règle avec ses censeurs en bannissant de son œuvre tout ce qui pouvait avoir rapport à l'époque et à la vie elle-même. En d'autres temps, une telle révolution minimaliste et formaliste eût pu réussir, tant l'exemple de la France fut longtemps communicatif. Le fait est qu'elle échoua. L'étranger regarda ses tentatives avec une curiosité amusée. Pendant ce temps-là, Garcia Marquez, Fuentes, Vargas Llosa, Faulkner, Bellow, Roth, Moravia, Elsa Morante, Grass, Kundera, Amos Oz parmi tant d'autres continuaient d'écrire des romans avec sujets et personnages. C'est eux qui marquaient leur siècle. L'intimidation à la française, pitoyable pétard d'hommes de lettres, avait échoué. Je ne sais si elle avait raison dans sa charge contre le genre romanesque traditionnel ; je sais seulement qu'il n'y a rien de plus décrié et de plus ridicule qu'un terroriste dont la bombe n'explose pas.

Il est vrai que juste auparavant, dans l'immédiat après-guerre, Sartre, Camus, Beauvoir avaient figuré un été de la Saint-Martin du rayonnement français. En dépit des apparences, ce n'était pas dans l'ordre de la littérature, mais dans celui des idées politiques. Leurs mérites littéraires étaient tout entiers réimputés à leur engagement. Encore convient-il de préciser que ces idées n'étaient véritablement reprises que dans certains pays du tiers-monde. Ce que le reste de la planète avait surtout retenu, c'était une certaine attitude, un style de vie anticonformiste, un goût de l'invective qui démodaient les châles frileux de Mallarmé et d'André Gide.

Si la voix de la littérature proprement dite se faisait moins entendre, c'est, il est vrai, parce que la place était prise de façon flamboyante par les représentants des sciences humaines, Lévi-Strauss, Braudel, Foucault, Lacan, Derrida et leurs épigones. Malgré leur originalité, ces hommes n'étaient pas si différents que cela de la génération précédente, celle de l'humanisme, avec laquelle ils avaient d'abord rompu. Pour l'essentiel, ils partageaient les mêmes idées sur la politique ; et surtout, comme celle de Sartre, leur œuvre était un habile compromis entre littérature *stricto sensu* et philosophie ; lorsque l'on considère l'œuvre de Foucault ou celle de Derrida, on hésite à dire si leurs idées sont prétexte à hauts exercices de style ou si c'est l'inverse.

Le temps des sciences humaines, en France et dans le monde, ne paraît avoir duré qu'une génération ; celle qui vit en France le triomphe de l'école des Annales et de l'École des Hautes Études en Sciences Sociales qui en était le principal support. À l'étranger, aux États-Unis, en Italie, en Allemagne, l'influence fut considérable, mais elle fut limitée à cette génération de créateurs qui ne fut guère remplacée ; elle se heurtait aussi à l'exténuation d'une théorie qui, en proclamant l'éclatement du sujet humain, avait fini par détruire la branche sur laquelle elle était installée.

D'où l'incertitude de la période actuelle, faite d'hésitations et de regrets, comme si l'on regrettait de n'avoir pas su jouir assez de l'âge d'or que l'on avait vécu. Le plaisir de la destruction est toujours vif mais n'est guère durable. L'archéologie du savoir, la réduction du singulier à la structure, la déconstruction, quelle que soit la façon dont on caractérise les nouvelles tendances, véhiculent avec elles les émotions violentes engendrées par le travail du négatif. Mais on ne détruit pas deux fois les mêmes choses. D'où, dans le roman comme dans les sciences humaines, l'extrême humilité de la période actuelle, qui va du retour furtif aux recettes du passé et aux plaisirs surannés, jusqu'à un négativisme total, qui dans sa radicalité témoigne surtout d'une panne générale de l'imagination créatrice. Il est remarquable que dans leur controverse sur la culture française (*La Pensée tiède*, par Perry Anderson, suivie de *La Pensée réchauffée* par Pierre Nora, Le Seuil, 2005) les deux auteurs ne s'accordent véritablement que sur un point : la panne actuelle de la culture française, Pierre Nora ajoutant toutefois que les choses ne vont guère mieux à l'étranger.

Il serait fastidieux de passer en revue les différents domaines de la culture pour montrer que la situation y est à peu près semblable. Retenons cependant la peinture et les arts plastiques, non par délectation morose, mais parce que la France n'a pas encore une claire conscience du rang modeste auquel elle est tombée. Au cours du printemps pourri de 2005, un événement a tenu lieu de symbole : la décision de l'homme d'affaires François Pinault de « délocaliser » de Boulogne à Venise la fondation qu'il avait décidé de créer pour accueillir sa collection d'œuvres contemporaines. Les retards engendrés par les complications administratives rencontrées étaient la raison invoquée. Mais, au-delà, comment ne pas y voir le signe éclatant du déclassement de Paris ? Or Paris avait été depuis le XIX$^e$ siècle la capitale mondiale de l'art pictural. Jusqu'aux années cinquante, rien d'important ne se produisait dans ce domaine que Paris n'y fût étroitement associé. La succession des « écoles » depuis l'impressionnisme : pointillisme, fauvisme, cubisme, surréalisme, art brut, etc. en témoigne. « L'école de Paris » a réuni dans ses hauts lieux de Montmartre et de Montparnasse une pléiade d'artistes étrangers qui venaient à Paris comme un musulman se rend à La Mecque. Un Picasso, qui domine le siècle de sa personnalité inclassable, Espagnol d'origine, a passé sa vie en France et a été associé à tous les aspects de la vie française.

Depuis une quarantaine d'années, le courant s'est inversé. Paris a été détrôné par Londres et New York sur le marché de l'art. Les collectionneurs français sont aujourd'hui trop peu nombreux pour alimenter ce marché. Mais, surtout, la place des artistes français est devenue très modeste. Ils sont écrasés par la concurrence germano-américaine, et ce n'est pas l'existence des Fonds régionaux d'art contemporain (FRAC), créés en 1981 pour éponger la production des artistes français, qui a changé la situation en profondeur. En 2004, sur cent artistes sélectionnés annuellement en fonction de leur production et de leurs ventes par le magazine allemand *Capital*, quatre seulement sont français contre trente et un américains et vingt-sept allemands. On peut être réservé sur les directions actuelles de l'art contemporain, qui ressemblent assez à des impasses ; il faut pourtant remarquer que même dans les formes esthétiques de la déconstruction la France a cessé de jouer un rôle moteur. Si l'on ajoute que l'été 2005 a vu un naufrage qui se préparait depuis longtemps, celui du Festival d'Avignon, conspué par un public nombreux et pourtant avide d'art dramatique, on conviendra que la conjoncture n'est guère porteuse, pour parler comme les économistes.

Il faut se demander si derrière ce fiasco culturel, il n'y a pas, en arrière-plan, le sinistre de l'enseignement du français et de la culture qu'il véhicule. Sans entrer dans la querelle sur cet enseignement, une évidence s'impose. Tel qu'il est pratiqué depuis une trentaine d'années dans les écoles, les collèges et les lycées, il a renoncé à presque toute ambition intellectuelle ou culturelle ; ce qui domine, c'est un souci utilitariste analogue à celui qui a fini par triompher dans l'enseignement des langues étrangères. Ce français pour grands commençants qui s'appuie sur les articles de la presse locale et sur des notices pharmaceutiques semble avoir été conçu comme un langage de survie pour des commandos parachutés en territoire étranger. J'exagère ? À peine. Il est encore question, çà et là, des grands écrivains dans les manuels engendrés par les nouveaux programmes publiés en 2001 mais soigneusement noyés, concassés, banalisés, neutralisés, mis en concurrence avec les textes les plus triviaux inspirés par la vie quotidienne. Que l'on n'aille pas prétendre que ce sont les banlieues « sensibles » et les immigrés non intégrés qui rendent nécessaire ce rabotage systématique. Il y a longtemps qu'une certaine critique a imposé une idée du « textuel » qui s'abstient de toute hiérarchisation, de tout jugement de valeur, de toute ambition proprement littéraire. Bien entendu, ce n'est pas pour cela que les grands romanciers du XIX$^e$ et du XX$^e$ siècle commençant n'ont pas aujourd'hui de successeurs. Mais comment un pays qui avait pratiqué le culte du grand écrivain comme un miroir de ses plus hautes ambitions, comme le symbole de cet élitisme pour tous voulu par Antoine Vitez, comment une nation qui se persuada longtemps que rien n'était assez beau, assez noble, assez ambitieux pour le plus modeste de ses écoliers, a-t-elle fini par capituler devant ce mélange de platitude existentielle et de formalisme pédant que l'on nomme aujourd'hui enseignement du français ? Dans cette caricature inspirée par le démocratisme le plus borné, où tout texte en vaut un autre, comme dans les urnes chaque bulletin de vote est l'égal du voisin, le caractère proprement révolutionnaire des grandes œuvres de l'esprit humain est étouffé dans le murmure confus, insignifiant, inexorable, qui s'élève des communautés humaines. Ici comme ailleurs, le triomphe des professeurs sur les créateurs se traduit par le renoncement à toute aspérité, à toute exemplarité, à toute expérience des limites au profit d'un structuralisme du pauvre, sans âge et sans perspectives. Je renvoie mon lecteur à un numéro du *Débat* (mai-août 2005) où des écrivains et des intellectuels décortiquent avec patience, mais non sans cruauté, la molle tyrannie des cuistres et des pédagogues.

Dans le tableau de cet abaissement, il faut faire une place particulière aux universités et à la recherche, car elles commandent largement notre développement. Il y faudrait un livre ! Deux chiffres suffiront à faire voir qu'au pays de Descartes et de Pasteur, la science n'est plus une valeur prioritaire. Dans le rapport annuel de l'OCDE sur les universités, la France pointe au 19$^e$ rang sur 24 ! Dans le classement annuel établi par l'université de Shanghaï des 100 premières universités du monde, quatre seulement sont françaises. « Classement infamant » dit justement Daniel Cohen.

Je ne prétends pas qu'il faille établir un rapport étroit entre les divers constats que je viens de faire. Une phase de déclin matériel peut s'accommoder d'une somptueuse floraison culturelle. Une rose d'automne est plus qu'une autre exquise. On a vu à l'inverse de brillantes civilisations incapables de donner naissance à des œuvres d'art. En dehors de deux opposants, Chateaubriand et Germaine de Staël, la Révolution et l'Empire sont des périodes plutôt atones, qui contrastent avec les feux romantiques de la prosaïque Restauration. Mais tout Français a conservé dans sa tête le modèle classique du siècle de Louis XIV, où la puissance de la France allait de pair avec son rayonnement.

L'impression dominante, en ce début de siècle, est celle d'une grande fatigue et d'une frilosité encore plus grande. Que dire de la Grande Nation, longtemps symbole de toutes les hardiesses, quand elle inscrit dans sa Constitution le principe de précaution ? Bonaparte ou de Gaulle, s'il leur était venu l'idée de graver dans le marbre leurs idéaux, y eussent sans doute inscrit l'aventure, le risque, leur conception héroïque de l'existence. Hier, c'étaient nos poètes et nos soldats qui donnaient le ton ; Aujourd'hui, ce sont les agents d'assurances. Pasolini avait lancé aux soixante-huitards qui se donnaient à eux-mêmes la comédie de la Révolution : « Vous finirez tous notaires ! » Nous y sommes. À ces signes, on mesure que le déclin français n'est pas d'abord dans notre diplomatie, dans notre industrie ou notre culture. Il est d'abord dans nos têtes.

# IV

# QUE FAIRE ?

C'est ici que les plus hardis retrouvent la prudence, que les plus péremptoires redeviennent circonspects, que les plus emparlés se réfugient dans le silence. Découragés par l'écart grandissant entre les promesses électorales et les résultats concrets de l'action politique, les Français sont devenus allergiques à toute espèce de programme. Ils ont raison : plus que jamais, la politique est l'art de gérer l'imprévu. Il faut donc renoncer à y voir la fabrication par les électeurs d'un catalogue de mesures que les élus seraient chargés de mettre en application.

## *Non au bricolage institutionnel*

Cela permet d'exclure de l'urgence tout ce qui touche à la réforme des institutions. Or celle-ci, sous l'influence d'hommes comme Jack Lang et Arnaud Montebourg, est de nouveau au centre des débats dans le parti socialiste. Nulle part ailleurs pourtant on n'entend monter pareille exigence. Les

Français se préoccupent du chômage, de l'insécurité, du terrorisme, de l'Irak, de l'éducation de leurs enfants, de l'Europe parfois. En matière politique, ils souhaitent un assainissement des mœurs plutôt qu'une modification des équilibres actuels. En vérité, sans trop le dire, les divers auteurs de projets de réforme de la Constitution souhaitent le retour au parlementarisme. Ils pensent que le président de la République a trop de pouvoirs et le Parlement pas assez. Dans l'absolu, ils ont peut-être raison. Dans la pratique, personne n'imagine que le retour à la III$^e$ et la IV$^e$ République permettrait à la France de reprendre son essor. C'est même le contraire qui est vrai. Il a fallu l'arrivée au pouvoir de De Gaulle en 1958 pour capitaliser tous les atouts dont la France disposait et que la IV$^e$ avait parfois développés. La nostalgie parlementaire est le fait de la classe politique tout entière ; mais elle n'a jamais gagné au-delà. Les élus ne peuvent s'empêcher de regretter l'époque où leur puissance était fondée sur l'art de faire et de défaire les gouvernements. C'est là une vision révolue du système représentatif, dont s'écartent les uns après les autres tous les pays modernes. L'Allemagne ou la Grande-Bretagne vivent sous des régimes faussement parlementaires. Les gouvernements n'y sont jamais mis en minorité ; dans la pratique, le chancelier allemand et le Premier ministre anglais ont les coudées aussi franches que le président français.

Si l'on veut à toute force réformer les institutions, c'est vers un présidentialisme véritable qu'il faudrait s'orienter. L'élection du président de la République au suffrage universel est un fait acquis, dont les Français ne se laisseront pas aisément déposséder. Loin de penser que Jacques Chirac a trop de pouvoirs, ils lui reprochent plutôt de ne pas assez s'en servir. Pendant trois ans, il a laissé Raffarin se débattre, sans donner les impulsions nécessaires. La pratique tend à se rapprocher de celle des républiques antérieures, où le Président était en première ligne en politique étrangère, mais laissait le président du Conseil gouverner à l'intérieur. Cette dichotomie est devenue injustifiable. Or, au gré de son humeur ou des circonstances, le Président peut passer du statut de monarque tout-puissant à celui de roi fainéant ; le plus souvent, il se situe entre les deux et joue les mouches du coche, les yeux rivés sur les sondages de popularité.

Le problème n'est donc pas de rendre au Parlement un pouvoir qu'il serait incapable d'exercer. Il est de faire en sorte que le véritable détenteur du pouvoir – celui que les Français ont élu – soit soumis à un contrôle. Tel n'est pas le cas aujourd'hui. Le scandale de la V$^e$ ne réside nullement dans la toute-puissance du Président, mais dans son irresponsabilité. Or permettre au Parlement de le renverser serait revenir à l'instabilité et à l'impuissance de régime parlementaire. Alors que faire ?

La solution tient en une phrase : « Le poste de Premier ministre est supprimé. Le Président conçoit et conduit la politique de la nation. » Impossible alors à celui-ci de se retrancher derrière un homme de paille. Ce serait à lui de négocier avec le Parlement et de s'assurer de sa collaboration. Le véritable contrôle ne réside pas dans la capacité de la représentation nationale à renverser au gré de son caprice le chef de l'exécutif. Il réside dans son droit de consentir ou de refuser à celui-ci les moyens de sa politique, notamment dans le domaine financier et dans le recours à la force armée. Tels sont les pouvoirs du Sénat américain, et l'on ne sache pas qu'il s'agisse d'un régime despotique. Quant au risque de blocage des institutions en cas de désaccord persistant entre le législatif et l'exécutif, il est moins grand dans la Constitution américaine que dans le système français de cohabitation. On doit bien comprendre que la Constitution de la Ve République ayant fait du Président et du Parlement, par le biais de l'élection de l'un et de l'autre au suffrage universel, deux détenteurs directs, mais distincts de la souveraineté populaire, il n'est pas question que l'un d'entre eux l'emporte en dernier ressort sur l'autre. Ils sont condamnés à collaborer. C'est le minimum que l'on puisse attendre d'eux dans une démocratie. En cas de désaccord persistant, le recours au référendum permettrait au peuple de trancher en dernier ressort. Si le Président est désavoué, alors il doit démissionner. C'est ce qu'a fait le général de Gaulle en 1969. Un grand constitutionnaliste d'inspiration gaulliste comme François Goguel souhaitait que cette obligation fût inscrite dans le texte constitutionnel. Si, au contraire, le Parlement est désavoué, il doit être dissous, et de nouvelles élections doivent être organisées.

Ce qui en général n'est pas perçu, c'est que le passage au présidentialisme, par le biais de la suppression du poste de Premier ministre, ne renforce pas la tendance au pouvoir personnel. Bien au contraire : il permet de rééquilibrer les institutions en rendant le concours du Parlement indispensable au Président lui-même. Le régime présidentiel véritable, c'est le contraire du présidentialisme autoritaire. Voilà le moyen le plus efficace aujourd'hui de revaloriser la fonction parlementaire.

Il en est cependant un autre, sur lequel les hommes politiques sont beaucoup moins diserts : interdire une fois pour toutes le cumul des mandats. Comment les élus peuvent-ils se plaindre de la perte de prestige des fonctions électives, notamment de celle de député, alors qu'ils donnent eux-mêmes l'impression de la sous-estimer, au point d'en faire un métier secondaire ? La confusion des rôles a beaucoup contribué au discrédit de chacune des fonctions. Pour plagier le général, on dira volontiers qu'il faut un Président qui préside, des représentants qui représentent, des administrateurs qui administrent. Ce qui doit être en revanche banni, ce sont ces hommes politiques multicartes qui, chassés par la porte, rentrent par la fenêtre ; c'est la consanguinité de toutes les élites particulières au sein d'une élite unique où les « participations croisées », comme on dit dans les conseils d'administration, sont nombreuses entre compères. De quoi faire de la classe dirigeante un milieu compact comme le mortier, impénétrable comme la jungle, irresponsable comme la fonction publique. La reconstitution d'une structure d'Ancien Régime au sein même de la société issue de la Révolution a progressivement annulé les effets égalitaires de celle-ci : la privilégiature, le clientélisme, le mandarinat n'ont cessé de proliférer ; la préservation des avantages acquis est un dogme dans la société française. La fameuse passion égalitariste des Français, que l'on dénonce depuis Chateaubriand et Tocqueville, ne peut se comprendre qu'à la lumière de cette tendance non moins invétérée à tracer des frontières, à multiplier des barrières de passages à niveau, à reconstituer des castes, à inventer des traitements particuliers. L'idéal est celui du privilège pour tous. Toutefois, à l'ère de la démocratie ouverte et généralisée où l'information circule de plus en plus vite, la prolifération de ces niches sociologiques, de ces passe-droits de toutes sortes est devenue insupportable à la masse de la population. Longtemps, on a toléré les privilèges des autres en considération des siens. Aujourd'hui, chacun ne tolère plus que ses propres privilèges et, dans chaque classe de la société, la colère gronde contre toutes les autres.

*La vérité existe*

Je viens de parler de la réforme de la Constitution, pour répondre à ceux qui y voient un préalable aux autres réformes. C'est le contraire qui est vrai : le plus urgent n'est pas la réforme des institutions, c'est celle des mœurs. Aucune réforme n'a de chances d'aboutir aussi longtemps que le mensonge politique sera la norme dans les partis et la vérité l'exception. S'il me fallait donner une seule raison de ce que j'appelle le malheur français, je dirais sans hésiter que c'est notre incapacité à regarder la vérité en face ; c'est ce refus de donner leur nom aux choses, comme si les Français étaient devenus des plantes de serre, trop fragiles pour affronter le plein air ; trop infantiles pour considérer lucidement les conséquences de leurs actes.

On déclare volontiers que la France est un pays incapable de réforme, partagé entre le gémissement et le maternage, oscillant entre le conservatisme et le chambardement. Sans doute. Mais la raison ? Il n'y a pas de gène du conservatisme inscrit dans le génome national ; il n'y a que l'habitude du mensonge qui détourne les Français des efforts nécessaires. Si on leur disait clairement la nécessité de certaines réformes, ils finiraient, comme n'importe quel autre peuple, par se rendre à l'évidence. Mais non : chacun préfère invoquer la malice du camp adverse, de sorte qu'il n'y a jamais de mesures qui s'imposent, seulement des méchants à éliminer.

On me pardonnera de prendre à nouveau comme exemple la campagne du printemps 2005 sur la Constitution européenne ; c'est qu'elle est une véritable anthologie de toutes nos mauvaises habitudes. Les deux camps ont emprunté à cette culture de la mauvaise foi, dans laquelle chacun se complaît, comme une preuve de son ardeur militante. Mais il faut convenir que le camp du non s'est surpassé dans cet exercice. Du côté du oui, il y avait longtemps que l'on mentait par anticipation en faisant de l'Europe la solution miraculeuse de tous nos problèmes majeurs : le chômage, l'immigration, la dépendance envers les États-Unis et l'on en passe. Quand les Français s'aperçurent qu'en dépit des promesses de Maastricht leur situation matérielle ne s'améliorait pas, ils incriminèrent naturellement les défaillances de ce prétendu remède universel. Les Européens ont vu leur revenir leurs promesses défraîchies sous la forme de soufflets qui leur ont cinglé le visage.

Quant aux partisans du non, ils ont multiplié consciemment les contre-vérités. Tenter de faire croire que la Constitution remettrait en cause la laïcité ou le droit à l'avortement relevait du mensonge délibéré, car on ne fera pas aux auteurs de telles allégations l'injure de les croire sincères. Pour le fameux plan B, qui finit par empoisonner la campagne grâce à un empilement de mensonges, il était comme la croyance aux armes de destruction massive en Irak dans l'argumentaire américain : un article de foi auquel on ne pouvait refuser d'adhérer sans manquer au patriotisme. Les observateurs se sont félicités en chœur de la vigueur d'une campagne dans laquelle ils voyaient un signe de bonne santé pour la démocratie. Je ne suis pas sûr que l'organisation systématique du mensonge, menée avec une ardeur digne de meilleures causes, soit un si bon symptôme. Les adversaires de la démocratie comme Donoso Cortès ou Carl Schmitt n'ont pas tort de voir dans la discussion creuse et indéfinie – la parlotte – un des travers majeurs de celle-ci. En France notamment, le militantisme a pour objet l'extermination de l'adversaire plutôt que la recherche de la vérité. L'air du temps considère cette recherche comme un symptôme de fanatisme. Au nom de la tolérance, on s'habitue à penser que toutes les opinions se valent.

On finit de ce fait par donner asile à toutes les opinions, à souscrire à toutes les propositions. Prétendre détenir la vérité est sans doute le fait d'un esprit dogmatique ; mais renoncer à la rechercher, c'est faire preuve d'obscurantisme.

Oui, la vérité existe. Oui, elle doit être recherchée en toutes circonstances. Oui, elle a des droits supérieurs à l'erreur. Une seule limite à ces affirmations : si, aux yeux de la science, l'erreur n'a pas droit de cité, aux yeux de la politique, tout le monde a le droit de se tromper. Mais de ce droit à l'erreur que l'on reconnaît aux individus dans les domaines qui relèvent de l'opinion ne saurait découler aucun relativisme, aucune complaisance à l'égard de l'erreur elle-même. C'est la confusion entre le domaine de la science et celui de l'opinion, par extension infinie de cette dernière, qui est la plaie intellectuelle de la démocratie moderne. On vit naguère un journal annoncer triomphalement que le cancer serait vaincu dans les dix ans à venir, puisqu'une majorité de Français, consultés par sondage, en étaient persuadés...

Que dire alors du mensonge, c'est-à-dire de l'erreur voulue, délibérée ? L'indulgence française envers le mensonge politique est en train de déconsidérer les valeurs de la démocratie et d'inciter au scepticisme généralisé. Les Américains dont le moralisme et l'esprit de sérieux ont le don de nous agacer – autant que notre frivolité les exaspère – estiment que le pire des crimes pour un homme politique, c'est de mentir au peuple. Ils ont raison, car le mensonge détruit le contrat de confiance qui doit exister entre les citoyens et le pouvoir. Là-bas, le mensonge public est un crime puni par les tribunaux. D'aucuns, comme Nixon, en ont fait la sanglante expérience. Il a été chassé de la Maison-Blanche, non pour avoir fait cambrioler le siège du parti rival (Watergate), mais pour avoir nié son forfait. Clinton a failli connaître le même sort, non pour avoir lutiné une stagiaire, mais pour s'en être défendu à tort. Selon une anecdote peut-être apocryphe, mais très belle, à l'ambassadeur des États-Unis qui se proposait de lui montrer les preuves de la présence de fusées russes à Cuba

(1962), de Gaulle aurait répondu : « C'est inutile. La parole du président des États-Unis me suffit. » On voit quel crédit George W. Bush a perdu en multipliant les mensonges pendant la crise irakienne.

Je rougis de proférer de telles évidences. D'aucuns y verront des traces de moralisme. Tant pis, je persiste, car il ne s'agit pas ici de morale au sens ordinaire du terme, mais de santé publique. Pour sortir de la conscience malheureuse dans laquelle nous nous sommes enfermés, nous avons besoin de ce que Renan, au lendemain de la défaite de 1871, nommait une réforme intellectuelle et morale. Il fut entendu. Un Ferry, un Gambetta et, sur le tard, un Clemenceau étaient le contraire de démagogues. Ils faisaient entendre à leurs semblables et aussi à leurs électeurs de rudes vérités. Ils savaient résister au pire des conformismes : celui qui se prévaut de la fidélité à son propre camp. Tous trois ont été victimes de la loi du milieu et de l'ingratitude de leurs électeurs. Sans cette vertu qui fait préférer les exigences de la vérité à celles de la réélection, la démocratie est un triste régime. D'où vient, quand je considère le demi-siècle écoulé, que je ne trouve que quatre noms pour incarner la *virtù* que je réclame des hommes d'État : Charles de Gaulle et Raymond Barre à droite, Pierre Mendès France et Michel Rocard à gauche ? Il se trouve que je les ai soutenus tous quatre, les deux derniers de façon plus active, évidemment. Mais je crois n'avoir jamais rien fait ni rien écrit qui ait pu, si peu que ce soit, gêner les deux premiers dans leur œuvre de redressement. Ce n'est pas par hasard si tous quatre ont, à des degrés divers, été maltraités par le suffrage universel, ont connu des traversées du désert et la sournoise inimitié de leurs pairs.

Je ne prétends pas que tous les autres aient été des menteurs. Mais beaucoup d'entre eux, par souci d'habileté, ont composé avec le mensonge. Donné des gages à la langue de bois. Sacrifié à la démagogie.

Que l'on me comprenne bien. Je n'en suis pas à réclamer un sauveur. D'autant plus que je n'en vois pas. Je n'en appelle pas à l'homme providentiel. C'est l'affaire de la Providence, non du commentateur politique. Je me demande au contraire à quelles conditions la démocratie française pourrait encore échapper à ce recours ambigu : l'homme providentiel. Et je réponds qu'il y faut plus de courage intellectuel chez les citoyens comme chez les hommes politiques. Telle qu'elle est aujourd'hui, la classe politique française demeure l'une des plus intelligentes du monde. Des plus éclairées. Mais des moins courageuses. Est-ce l'ENA qui veut cela ? Pour une part, sans doute, mais elle n'est pas la cause principale. Cela se passe ailleurs, beaucoup plus en profondeur.

J'ai cru longtemps que l'âme d'une nation n'était qu'une blague pour prédicateur à sentences ou pour écrivain à panache. Tout en admirant passionnément Péguy et Bernanos, je me suis toujours défendu de cette facilité qui consiste, en toutes choses, à prétendre ne considérer que l'essentiel. La démocratie politique exige plus d'humilité, plus de patience, plus d'attention au quotidien. Si le diable est dans les détails, il arrive que le bon Dieu s'y trouve aussi.

Je sais tout cela. Je me le répète au matin, quand l'esprit en proie à sa solitude est tenté de vagabonder sur les cimes. Mais j'ai senti au printemps dernier quelque chose d'inhabituel ; des coups sourds, portés en profondeur, qui ébranlent notre façon de vivre ensemble. Puis un craquement. Il en est résulté une blessure profonde qui ne veut pas guérir. La lance d'Amfortas. Quelque chose est en danger au plus intime de chacun de nous, que l'on ne traitera pas par une réforme de la Constitution. Nous ne nous aimons plus, voilà la chose. Comme si l'âme collective de la France, ce mythe nécessaire, était en train de se dissoudre.

Ce bruit mystérieux sonne comme un départ.

## *À la lutte des classes, regrets éternels*

Je vois bien ce qui trotte dans la tête des bricoleurs de Constitutions. Ce n'est pas seulement à l'efficacité de nos institutions qu'ils pensent. C'est au pacte fondamental entre les Français. En quoi ils ont raison. Mais ils ne frappent pas à la bonne porte. Ce pacte, ils le nomment République, parce qu'ils sont pétris de culture gréco-latine, et qu'ils ne peuvent s'empêcher de rejouer sans cesse dans leur tête le cérémonial de la Révolution française. La Révolution est cette époque bénie des âmes simples et fortes, où la République n'avait pas besoin de la Démocratie pour unir les Français. Aujourd'hui, c'est l'inverse. Nous ne retrouverons l'esprit de la République qu'en faisant à la Démocratie sa part. La République n'est pas la condition du redressement. Si tout va bien, elle en sera le couronnement. Ou, pour le dire dans les termes d'aujourd'hui, il faut que le social précède le politique. La lutte des classes a été historiquement une espèce de pacte social. Le fait est qu'elle organisait entre les groupes sociaux des relations ordonnées par le rapport des forces, mais aussi par la considération de la place fonctionnelle de chacun dans l'ensemble. Hannah Arendt, dans son grand livre sur le totalitarisme, a bien montré comment, pour réduire l'ensemble de la nation allemande à l'état d'individus moléculaires et malléables, le nazisme avait brisé l'organisation des classes sociales. La société sans classes, ce n'est pas le communisme, c'est le totalitarisme.

Ajoutez à cela que dans le système capitaliste les luttes revendicatives de la classe ouvrière ont été longtemps un formidable facteur de progrès, obligeant les entrepreneurs à rationaliser la production afin d'économiser le coût du travail humain. Le compromis social-démocrate reposait sur cette lutte des classes réformiste, véritable incitation à l'innovation technique et à la productivité. Tout le monde en France, d'Ernest-Antoine Seillière à Olivier Besancenot a, sans l'avouer, la nostalgie de ces guerres sociales ordonnées comme la bataille de Fontenoy, où chacun pouvait être soi-même sans nuire à la cohésion de l'ensemble. Les Trente Glorieuses, ce n'était pas seulement l'expansion et l'emploi. C'était le confort intellectuel. Cette alliance antagonique du capitalisme managérial et de la démocratie sociale est aujourd'hui regardée à la manière dont Fukuyama considère la démocratie politique : comme un stade indépassable de la société moderne, une espèce de fin de l'Histoire.

Malheureusement, il n'en est rien. Le capitalisme

est le contraire d'un principe raisonnable. Il n'aime que le mouvement, et celui-ci est produit non par l'équilibre, mais, comme la marche, par un déséquilibre rattrapé à chaque pas. La substitution d'un capitalisme d'actionnaires au capitalisme managérial a chassé le syndicalisme de l'entreprise. Le nouveau capitalisme n'a que faire de partenaires sociaux. À la différence du capitalisme « rhénan » (Michel Albert), il n'a pas de préoccupations politiques nationales. Il ne veut pas des interlocuteurs, il veut des profits. Il a même le culot d'appeler cela « création de valeur », et personne ne proteste. Les patrons avaient le souci de leur place dans le concert national. Les chefs d'entreprise n'en ont cure. C'est pourquoi la transformation du CNPF, dans lequel il y a « patronat » en MEDEF, dans lequel il y a « dirigeants » est somme toute logique.

*L'impuissance musclée du syndicalisme*

De cette situation nouvelle, ni les syndicats de salariés, ni les partis politiques de gauche, ni les intellectuels engagés n'ont encore tiré les conséquences. Face à une organisation patronale qui tend à se désintéresser d'eux, les syndicats les plus révolutionnaires préconisent une radicalisation et une globalisation de l'action ; les plus réformistes recherchent les compromis qui permettraient aux salariés de tirer leur épingle du jeu. Ces clivages sont désormais sans objet. L'alternative n'est plus entre réformisme et révolution, mais entre réforme et statu quo. Le syndicalisme ne peut plus compter sur la dynamique propre du capitalisme, aiguillonnée par la lutte des classes, pour améliorer le sort des travailleurs. Dans la situation actuelle, les entreprises ne sont nullement tenues de faire des concessions à leur personnel. Elles doivent faire face aux exigences croissantes de leurs actionnaires ; elles sont sous la menace permanente d'un raid boursier de leurs concurrents nationaux ou étrangers. Et comme la croissance est trop faible pour assurer le plein emploi, elles peuvent se permettre des licenciements sans susciter de mouvements sociaux importants. Autrement dit, le syndicalisme est dans une situation de faiblesse exceptionnelle, telle qu'il n'en avait pas connue depuis les années 20 et la grande dépression. Il est d'ailleurs remarquable qu'il ait perdu tous les combats qu'il a engagés : sur la Sécurité sociale en 1995, puis en 2002, sur les retraites en 2004. Les principaux mouvements sont venus de la fonction publique et du secteur nationalisé. Chaque fois que le rapport global des forces penche en faveur du patronat, la fonction publique joue le rôle d'intérim de la classe ouvrière. Dans le privé, l'activité gréviste est faible ; et les luttes défensives pour la défense de l'emploi, du type Vilvorde ou Michelin, se soldent régulièrement par des échecs. Le seul acquis important de la période, ce sont les 35 heures ; mais elles ont été octroyées, non conquises. Du reste, quand elles ont été remises en cause par les gouvernements de droite, les salariés ne les ont pas défendues. Pis que cela : c'est l'homme des 35 heures, Lionel Jospin, qui a été sanctionné en 2002 par la classe ouvrière : elle lui a préféré Jean-Marie Le Pen.

D'ordinaire, les leaders ouvriers s'efforcent de dissimuler cette série de défaites presque sans précédent en vantant l'ampleur de la mobilisation. Mais où vit-on jamais un général vaincu se justifier en invoquant l'importance des effectifs engagés ? Quelle dérision, ou plutôt quel aveu ! C'est à un syndicalisme de témoignage, non de combat, que l'on a affaire depuis quelque temps.

Dans le cas français, cette faiblesse se traduit aussi dans les effectifs. Le taux de syndicalisation est d'environ 7 % de la population active : le plus faible d'Europe. Mais la France peut s'enorgueillir en même temps du plus grand nombre de centrales : sept confédérations (CGT, CFDT, FO, CFTC, CGC, UNSA, Sud), pour encadrer 7 % de syndiqués ! Ce sont sept nains qui tirent chacun de leur côté. Mais où est donc Blanche Neige ?

Paradoxe : si le pouvoir contractuel des syndicats français est devenu l'un des plus faibles d'Europe, leur pouvoir d'empêchement social, ou si l'on préfère de veto, reste exceptionnel. C'est aux syndicats de la fonction publique et des transports que nous devons ce paradoxe. Tous les gouvernements depuis quinze ans tremblent devant les grèves de fonctionnaires et de cheminots. Non seulement parce que leur capacité de nuire est très supérieure à celle du privé, en raison de la menace de paralysie des services publics, mais aussi parce que, de ce fait, leur pouvoir d'entraînement est considérable.

Car si les syndicats ont perdu la bataille militaire contre l'adversaire patronal, ils ont largement remporté la victoire morale devant l'opinion publique. On est passé de la grève épreuve de force à la grève prise à témoin. Dans ce domaine, le patronat français a toujours fait preuve d'une grande nullité, tant il a l'art de se rendre antipathique à la masse de la population : arrogance des porte-parole, absence de stratégie dans la communication. On ne dira jamais assez combien les augmentations de revenus que s'octroient les grands patrons, dans le moment même où leur entreprise bat de l'aile, choquent à juste titre l'opinion. Le salaire des élites ne récompense pas les services rendus, mais le rang occupé. Un patron vient-il à être renvoyé pour insuffisance que cette sanction est pour lui une aubaine financière. Il est rare que l'intéressé ne rebondisse pas plus haut en réinvestissant ses indemnités de licenciement. Comment, après cela, convaincre les Français que leurs chefs d'entreprise sont les champions de l'intérêt national ? La sauvagerie du système capitaliste qui est censée récompenser la réussite et punir l'échec peut à la rigueur se justifier si les privilégiés courent un risque quelconque ; mais si la loi de la jungle ne s'applique pas aux prédateurs eux-mêmes, il n'y a pas seulement injustice : il y a tromperie.

Nous sommes ainsi dans le pire des systèmes : un syndicalisme d'immobilité face à un patronat de prébendiers.

La réunification du syndicalisme, d'abord dans l'action, ensuite dans l'organisation, est aujourd'hui l'une des clefs principales du déblocage de la situation française. Pourquoi ? Parce que la tactique de l'empêchement – on devrait plutôt dire du retardement – est incapable de redonner à l'économie française son lustre et aux salariés leur pouvoir. Pour rendre au mouvement ouvrier son ambition, il faut le doter d'un pouvoir contractuel qu'il a perdu depuis l'arrivée du nouveau capitalisme. Un syndicat est fait pour obtenir des avantages concrets, non pour jouer les matamores sur la scène politico-sociale. Or la concurrence qui oppose entre elles les organisations conduit à une surenchère dans la négativité. Longtemps, ce refus du réformisme était justifié par le vœu de voir les plaies sociales s'envenimer, afin de rendre le choc frontal plus violent et plus ravageur. Nous avons dit pourquoi ce conservatisme révolutionnaire n'est plus de saison. Demain, le syndicalisme sera réformiste ou ne sera pas. Demain, conformément à l'inspiration d'un Eugène Descamps ou d'un Edmond Maire dans leurs meilleures années, il sera une force de transformation sociale, gradualiste dans ses méthodes, radicale dans sa finalité.

Car le capitalisme actuel est quelque chose qui doit être dépassé. Il n'est fort que de l'absence d'une contestation constructive ; il n'est viable qu'à la condition de ravager la planète et d'imposer des taux de croissance de plus en plus incompatibles avec une société policée. Incapable de se donner des normes respectueuses de l'équilibre planétaire, c'est un taureau fougueux qu'il faudra dompter avec des méthodes qui n'auront rien à voir avec un socialisme que Staline a déshonoré.

La division syndicale actuelle, une absurdité stratégique, est devenue aussi un non-sens historique. Le clivage entre CGT et Force ouvrière était jadis fondé sur l'existence de ce stalinisme que beaucoup jugeaient inacceptable en 1947 et que depuis tout le monde a rejeté ; la scission entre CFTC et CFDT renvoie à une époque d'interventionnisme de l'Église dans les organisations sociales auquel aujourd'hui personne ne songe plus, pas même l'Église. Enfin, le fossé entre organisations réformistes et organisations révolutionnaires avait été creusé par l'interventionnisme des partis : ce que l'on a appelé le léninisme.

Est-il normal de mener une guerre à mort contre une réforme des retraites dont chacun s'accorde à admettre en privé qu'elle est nécessaire si l'on veut éviter une faillite lors de la prochaine génération ? Seulement voilà : la défense aveugle des avantages présents conduit à justifier dans les faits toutes sortes d'inégalités. Depuis des années, la défense de l'emploi de ceux qui en ont un se fait au détriment des intérêts de ceux qui n'en ont pas. De même le refus de modifier le régime des retraites pour tenir compte de l'allongement de la vie aboutit à la rupture de toute espèce de solidarité avec les générations futures. La vérité est que depuis les années quatre-vingt le syndicalisme français n'a plus de stratégie ; il se contente de répondre au coup par coup, et fort mal, aux initiatives du gouvernement et du patronat. Dans cette partie d'échecs, il n'a jamais un coup d'avance. Il court après la modernité, mais celle-ci est plus rapide que lui.

Si j'insiste sur le syndicalisme, c'est parce que de sa capacité à retrouver les bases d'une stratégie contractuelle dépendent les chances de recréer entre les Français un véritable contrat social. Que demain les centrales syndicales annoncent qu'elles ont entrepris une démarche de rapprochement, et c'est toute la nation qui sentirait que l'on est en train de sortir de la grande glaciation. Par quoi commencer ? Sans contredit, par un rapprochement entre la CGT et la CFDT. Non seulement parce qu'elles sont les deux colonnes majeures du temple syndical ; mais surtout parce que toute autre formule conduirait à l'échec. Un rapprochement CGT-FO serait marqué du sceau du conservatisme ; un rapprochement CFDT-FO, de celui de la guerre froide. Si la CGT acceptait de sortir de son optique purement contestataire et la CFDT de son approche exclusivement contractuelle afin de définir en commun les bases d'une plate-forme ouvrière pour les temps de la mondialisation et de l'écologie, alors la France commencerait à sortir de l'ornière ; les partis politiques de gauche seraient contraints de renoncer à leur dogmatisme et le patronat à son solipsisme.

On ne trouvera pas malséant, je l'espère, que l'on parle ici du patriotisme. Le patriotisme, c'est-à-dire l'amour de son pays, est dans son principe différent du nationalisme, qui est la haine du pays des autres. Ce dernier développe des tendances égoïstes, le premier des tendances altruistes. Or pour rebâtir un lien national, nous avons besoin de dépasser l'égoïsme communautaire, à peine moins hideux que l'égoïsme individuel. De la même manière, pour bâtir un patriotisme européen, il est nécessaire de dépasser les égoïsmes nationaux figés dans des limites historiques devenues trop étroites. Il y a aujourd'hui chez les souverainistes une forme de nationalisme qui ne fait qu'exalter et étendre ce qu'ils détestent le plus, le communautarisme au front bas.

L'appel de Dominique de Villepin à un « patriotisme économique » n'en était pas moins légitime dans son principe. Il s'adressait d'abord aux chefs d'entreprise. Car le capitalisme financier, aujourd'hui dominant, ignore les frontières. S'il s'agissait pour lui de développer un véritable internationalisme, il faudrait s'en réjouir. Mais non : il ne songe qu'à s'installer là où on lui offre les meilleures conditions. Ce que l'on peut attendre du patriotisme n'a rien à voir avec la « préférence nationale », c'est-à-dire une doctrine économique débouchant sur le protectionnisme et l'autarcie. Le patriotisme dont nous avons besoin réside essentiellement dans la priorité accordée à l'intérêt général par rapport aux intérêts particuliers. Or, au pays du *Contrat social*, l'intérêt général ne cesse d'être bafoué. Qui en France oserait reprendre à son compte l'admonestation de J.F. Kennedy à l'ensemble des Américains, le jour de son « inauguration » ? « Ne vous demandez pas ce que votre pays peut faire pour vous ; demandez-vous plutôt ce que vous pouvez faire pour votre pays. » Ce que l'on peut attendre d'un nouveau contractualisme tel qu'on l'a défini plus haut, ce n'est pas ou, pas seulement, une sorte de partage des profits entre patrons et ouvriers, c'est une négociation qui privilégie les intérêts du pays tout entier par rapport aux intérêts individuels.

Est-ce impossible ? Est-ce faire preuve de naïveté que de le préconiser ? Nullement. L'expérience française du Plan en est la preuve. Si de Gaulle, lors de ses deux passages au pouvoir, en amont et en aval de la IV$^e$ République s'est proclamé planificateur convaincu (le Plan, cette ardente obligation), ce n'est pas parce qu'il avait été brusquement saisi par les mérites de l'économie dirigée, voire par ceux du Gosplan soviétique, c'est parce qu'il avait bien compris que la fonction essentielle du Plan était de replacer la négociation sociale dans le cadre de l'intérêt national. Nous n'avons plus de Plan, et les « partenaires sociaux » ne sont pas spontanément des patriotes économiques. S'il est pourtant, fût-ce en économie libérale, une obligation qui incombe au gouvernement, c'est bien celle de tracer les cadres de la politique économique et de la politique sociale, à l'intérieur desquelles il est loisible de négocier librement. Ce *libéralisme encadré par l'intérêt général* reste à préciser dans ses buts comme dans ses moyens. Je voudrais pourtant qu'il devienne l'ardente priorité des experts, des gouvernants et des acteurs sociaux, car il s'impose comme la seule solution d'avenir.

## *Socialisme libéral*

Je viens de prononcer un mot sulfureux et me hâte de revenir dessus, de crainte d'être envoyé aux galères avant d'avoir pu présenter ma défense. J'ai parlé de libéralisme ; et même précisé : un libéralisme encadré. Je crains pourtant, dans ces conditions, que ce « libéralisme » ne me vaille pas l'indulgence de la droite, ni l'« encadrement » celle de la gauche. Tant pis, essayons. Quand il s'agit de l'intérêt national, on se moque bien de la droite et de la gauche.

Il est tout de même extravagant et surtout scandaleux que la gauche socialiste ait fait un objet d'opprobre d'une doctrine qui a présidé à sa naissance jusqu'au milieu du XIXe siècle et qui depuis lui a permis de se distinguer de son jumeau totalitaire. Que les communistes détestent le libéralisme, il n'y a pas à s'en étonner, c'est dans leur nature. Mais que les socialistes continuent de leur emboîter le pas, il y a là de quoi désespérer. Le libéralisme au pilori, quelle revanche posthume pour le stalinisme ! Décidément, chez certains sociaux-démocrates de gauche, la servilité intellectuelle à l'égard du communisme est une seconde nature, qui l'emporte le plus souvent sur leurs intérêts mêmes. Que se cache-t-il donc au fond de leur subconscient de petits-bourgeois ambitieux et glacés, qui demeure incompatible avec le principe de liberté ? La tradition socialiste italienne en lutte contre le fascisme avait bien compris l'importance pour la gauche de mettre la liberté de son côté. C'est l'un de ses plus brillants intellectuels, mort trop jeune, Piero Gobetti, qui parmi les premiers a parlé de « socialisme libéral », et l'un de ses héros, Carlo Rosselli, qui a écrit un livre sous ce titre. Ce qui sera regardé comme un oxymore n'est en vérité qu'une tautologie. Qu'est ce que le socialisme sans la liberté, y compris la liberté d'entreprendre ?

Au sens politique du terme, le libéralisme s'oppose à l'autoritarisme ; il est la philosophie des libertés individuelles que la gauche française du XIX$^e$ siècle, à la suite de Benjamin Constant, a tirée de la Révolution française. La liberté d'entreprendre est bel et bien une conquête progressiste, que la Révolution française a imposée aux milieux professionnels acquis au corporatisme, c'est-à-dire à la préservation des statuts, conditions et avantages acquis par chacun, ainsi qu'à la fermeture du métier au nouvel arrivant, sauf accord exprès des deux parties. À considérer la façon dont réagissent aujourd'hui certains syndicats, notamment de la fonction publique, on voit combien la tentation corporative d'Ancien Régime reste vivace, y compris dans les syndicats les plus radicaux.

Au sens économique, le libéralisme est la doctrine qui privilégie l'initiative individuelle par rapport à l'État et aux forces collectives. Bien entendu, ce que l'on prétend condamner sous le nom de libéralisme n'est pas la doctrine politique de la liberté, c'est la doctrine politique du laisser-faire. L'une n'aurait rien à voir avec l'autre. Est-ce si sûr ? Est-il certain que les libertés publiques et privées puissent se maintenir quand la liberté d'entreprendre est interdite ou entravée ? Il n'est pas besoin d'aller chercher les doctrines classiques, celle de Locke en particulier, pour se convaincre de la négative : il suffit de considérer l'exemple soviétique. La fin de la liberté d'entreprendre, notamment dans la paysannerie russe, a signifié la fin de la liberté tout court. Ce n'est pas simple coïncidence. Partout, à travers l'Histoire, la conquête de l'autonomie financière a été la condition de l'indépendance. Est-il une féministe qui n'en soit persuadée ? C'est lorsque la femme a quitté la maison pour prendre un emploi salarié qu'on a pu commencer à parler d'égalité entre les deux sexes. Pas avant !

Ici quelques distinctions sont nécessaires. Nul ne contestera que nous vivions en économie de marché, et bien peu, je pense, s'en plaindront. Le contraire de l'économie de marché, c'est l'économie administrée centralement, dont la planification soviétique a donné un exemple désastreux. Le marché, ce sont ces multitudes de transactions, fondées sur la confrontation de l'offre et de la demande, à partir desquelles se forment les prix et s'ajustent production et consommation. Aujourd'hui la plupart des pays du monde, ceux d'Europe et d'Amérique, mais aussi la Russie, la Chine et l'Inde, sont régis par l'économie de marché. L'Union européenne a été fondée sur cette idée, avec son corollaire, la concurrence. Du reste, son premier nom fut Marché commun. Vouloir abolir ce marché reviendrait à abolir l'idée européenne elle-même : l'Europe est d'abord un grand marché intérieur, ce qui, du reste, n'est pas incompatible avec des barrières douanières extérieures.

*Libéralisme et économie de marché*

Cette nécessité du marché s'est historiquement imposée aux pays dits socialistes eux-mêmes, qui avaient créé entre eux, sous le nom de Comecon, une sorte de marché commun, et cela depuis 1949. Contrairement à ce que l'on croit d'ordinaire, le marché n'est en soi ni capitaliste ni socialiste. C'est un mécanisme naturel qui peut servir à diverses fins. Du reste, un économiste socialiste polonais comme Oskar Lange s'est attaché à définir un « socialisme de marché », qui avait connu quelques applications pratiques à la fin de l'ère soviétique, notamment en Hongrie. Inversement, la planification n'est pas incompatible avec le capitalisme, comme la France l'a démontré durant les Trente Glorieuses.

Alors, quelle différence entre cette économie de marché, explicitement ou implicitement acceptée de tous, et le libéralisme proprement dit ? Il est dommage, je le répète, que la gauche actuelle ait fait de ce dernier un loup-garou et qu'elle n'ait pas trouvé un autre mot pour désigner la conception purement mercantile des rapports sociaux qu'elle entend justement dénoncer. N'importe : en sémantique, il faut s'incliner devant l'usage, même fautif. Désignons donc provisoirement par libéralisme – on dit parfois, par manière de remords « ultralibéralisme » – l'absence de contrepoids au jeu naturel de la concurrence entre les individus, les entreprises, les classes sociales et les nations.

Lorsque l'on dénonce le « libéralisme » ou, mieux, l'« ultralibéralisme » au sein de l'économie de marché, on vise trois choses :

• L'absence de correctifs sociaux ou étatiques : on craint à juste titre que l'ensemble de l'économie de bien-être (Welfare State) mise en place dans nos pays durant le deuxième tiers du XX$^e$ siècle – et qui s'est traduit par l'institution des allocations familiales, de la Sécurité Sociale, des caisses de retraite, des assurances-chômage et des systèmes de luttes contre les diverses formes d'exclusion – ne soit progressivement remis en question. Un peu partout en Europe, les pays qui ont poussé le plus loin ce système « rhénan », sur fond de philosophie sociale-démocrate (Allemagne, Grande-Bretagne, pays scandinaves, Pays-Bas), ont profondément réformé ces institutions et surtout leur financement. Seule la France résiste encore aux révisions dramatiques qui s'imposent. Toute la question est de savoir si ces diverses assurances sont menacées par le capitalisme en général, par l'unification européenne ou par leur coût, devenu progressivement intolérable. Mais, dans tous les cas, il faut les défendre, au besoin en les modernisant. Elles sont la base même du contrat social moderne.

• L'assaut contre les services publics : dans la plupart des pays que l'on vient de citer, la tendance est à la réduction de ces services, indépendamment des directives européennes, en raison de leur coût et de leurs effectifs pléthoriques. En instituant partout la concurrence, qui profite aux consommateurs, l'Europe a précipité le mouvement et obligé ces services à s'insérer dans une logique de compétition, en lieu et place des monopoles dont ils jouissaient. D'où l'inquiétude des salariés, qui y bénéficient de la sécurité de l'emploi et d'avantages sociaux de toute nature, très supérieurs à ceux qui ont cours dans le secteur privé. Mais aussi l'inquiétude justifiée des consommateurs : la disparition ou l'affaiblissement des services publics sont eux aussi dans un pays de tradition centralisée comme la France une remise en cause du contrat social. C'est son droit, en économie de marché, de les défendre.

• La mercantilisation des secteurs non marchands de la société : autrement dit, « le monde n'est pas une marchandise », comme disent à bon droit les altermondialistes. Ici, un bref détour historique et théorique est nécessaire. On sait que, pour les économistes libéraux anglais et français du XVIII$^e$ siècle, l'économie de marché est fondée sur l'exploitation collective des passions individuelles, au premier chef desquelles l'appât du gain. Tel est le sens de la fameuse « Fable des abeilles » de Mandeville : c'est le désir individuel de chacune des abeilles d'entasser qui fait la prospérité de la ruche. Ce qu'Adam Smith a traduit à son tour dans une formule célèbre : « Ce n'est pas de la bienveillance du boucher, du marchand de bière ou du boulanger que nous attendons notre dîner, mais bien du soin qu'ils apportent à leurs intérêts. »

Fort bien : il est peut-être plus sage de spéculer sur les vices des gens, comme le fait le libéralisme, que sur leurs vertus, comme le fait le socialisme. Ce que l'on sait moins, en général, c'est qu'aux yeux de ses théoriciens, cette exploitation « réaliste » des vices individuels au profit de la prospérité collective ne peut fonctionner que si elle se limite au secteur des biens matériels, autrement dit à l'économie. Si par malheur on l'étend aux autres activités sociales, comme l'art, la science, l'éducation, la justice, le jeu, la religion, etc., non seulement ces activités sont perverties dans leur principe mais c'est tout le système social qui se détraque.

Écoutons le pape du libéralisme, Adam Smith lui-même : « Tels sont les inconvénients de l'esprit commercial. Les intelligences se rétrécissent, l'élévation d'esprit devient impossible. L'instruction est méprisée ou du moins négligée et il s'en faut de peu que l'esprit d'héroïsme ne s'éloigne tout à fait. Il importerait hautement de réfléchir aux moyens de remédier à ces défauts[1]. » Il n'est pas difficile de voir autour de nous la mercantilisation des rapports sociaux corrompre totalement le football, le tourisme, le cinéma, mais aussi la recherche scientifique, voire la prédication de l'Évangile...

Le véritable esprit du libéralisme, selon ses fondateurs, n'est pas la généralisation du système

---

1. *Lectures on Justice, Police, Revenues and Arms*, Oxford, Clarendon Press, 1986, p. 42-43, Cité par Albert O. Hirschman, *Les Passions et les Intérêts*, PUF, 1980, p. 97.

marchand à toute la société, comme le préconisent l'école de Chicago et les « libertariens » américains, c'est au contraire son maintien à l'état d'exception économique. Qu'on me permette encore de citer ici l'un de ces libéraux authentiques, le grand économiste François Perroux : « Toute société capitaliste fonctionne régulièrement grâce à des secteurs sociaux qui ne sont ni imprégnés, ni animés de l'esprit du gain et de la recherche du plus grand gain. Lorsque le haut fonctionnaire, le soldat, le magistrat, le prêtre, l'artiste, le savant sont dominés par cet esprit, la société croule et toute forme d'économie est menacée. Les biens les plus précieux et les plus nobles dans la vie des hommes, l'honneur, la joie, l'affection, le respect d'autrui, ne doivent venir sur aucun marché[1]. »

Il y a entre le libéralisme dégradé en idéologie mercantile et l'économie de marché la même distance que celle qu'introduisait naguère Lionel Jospin entre cette même économie de marché et la société de marché. La société de marché qui nous menace, c'est l'extension de l'économie de marché au secteur non économique. D'où la nécessité de lutter contre ce panlibéralisme et de maintenir une exception culturelle, une exception artistique, une exception scientifique, etc. Telle est l'une des missions essentielles du socialisme dans les sociétés industrielles.

En vérité, le débat sur le libéralisme est stérilisé par le dogmatisme des deux camps, alors que les enjeux sont purement pratiques. Après avoir

---

1. *Le Capitalisme*, PUF, 1951, p. 105.

reconnu la vanité des conflits autour des doctrines politiques, nous n'allons tout de même pas réinventer les guerres de religion autour des doctrines économiques. Pas de religion de l'État donc, pas non plus de religion du privé. Regardons ce qui marche et tâchons d'en corriger les effets néfastes.

L'ouverture des marchés et la déréglementation ont depuis vingt-cinq ans transformé le monde comme le keynésianisme, c'est-à-dire l'intervention de l'État dans le domaine économique, avait à la veille et au lendemain de la Seconde Guerre mondiale relancé une économie défaillante. Force est de constater qu'aujourd'hui ce sont les recettes fondées sur l'encouragement à l'initiative privée qui marchent le mieux. La Grande-Bretagne, l'Irlande, l'Espagne, sans parler des États-Unis en sont des exemples vivants. À l'inverse, la France, où la place de la fonction publique et celle du secteur nationalisé sont parmi les plus fortes du monde, voit son économie stagner et son chômage se maintenir à un niveau insupportable, soit 10 % de la population active. On notera encore que les pays scandinaves, Suède et Danemark, sont parvenus à concilier leur tradition sociale démocrate de protection des travailleurs avec une véritable déréglementation de l'emploi. Les chefs d'entreprise y licencient à leur guise, mais la protection du travailleur licencié est très forte, plus forte même qu'en France.

Je laisse à plus savant que moi le soin d'expliquer pourquoi, au milieu du XX$^e$ siècle, c'étaient les recettes keynésiennes qui marchaient tandis qu'aujourd'hui ce sont les recettes libérales. Mais il est grave de voir des gens qui se réclament du marxisme ignorer de propos délibéré les leçons de l'expérience. « On a tout essayé », s'était écrié un jour François Mitterrand pour excuser ses échecs dans la lutte contre le chômage. « Sauf ce qui marche », ajoute cruellement Nicolas Baverez. Et, de fait, on a eu surtout recours à la création d'emplois largement subventionnés par l'État. On a cherché ensuite du côté de la réduction du temps de travail, comme si celui-ci était une denrée existant en quantité fixe et limitée sur le marché, qu'il s'agirait de répartir au mieux en temps de pénurie. Cette conception chosiste de l'activité humaine, marquée au coin du malthusianisme, ne saurait être une solution à long terme.

*Pitié pour les chômeurs !*

Voilà vingt ans que les docteurs de toutes obédiences défilent au chevet du malade. Les uns veulent lui donner la saignée, d'autres un lavement, les troisièmes une pommade miracle. Bien vite, dans l'ardeur de la controverse, les chapeaux pointus se désintéressent du malade, qui agonise tranquillement dans son coin. Les médecins continuent d'échanger des horions. Le malade est assuré de mourir guéri. Nous sommes, dans cette affaire du chômage, en pleine comédie de Molière. Périsse le malade pourvu que vive la doctrine !

Pourquoi ne pas instituer, pour l'amour des chômeurs, un moratoire de l'idéologie ? Pourquoi, au moment de décider de mesures, ne pas avoir recours au critère de l'efficacité, plutôt qu'à celui de l'orthodoxie ? On dirait que Dominique de Villepin l'a compris. Avant lui, Jean-Pierre Raffarin, en libéral orthodoxe, avait supprimé la plupart des emplois aidés, notamment dans l'Éducation nationale, qu'avait institués le gouvernement Jospin, pour le plus grand bien des élèves et des professeurs. On voit que le crétinisme idéologique n'est pas l'apanage d'un seul camp. Voici que, les élections approchant et le mécontentement grandissant dans le milieu enseignant, Dominique de Villepin a décidé de rétablir sous un autre nom 45 000 emplois auxiliaires dans les lycées et les collèges. Il n'a fait à cette occasion qu'accentuer le tournant qu'avait pris Jacques Chirac en installant Jean-Louis Borloo au ministère de l'Emploi. C'était le retour pur et simple au traitement social du chômage, cher aux socialistes et abhorré par la droite. Simultanément, le Premier ministre a pris aussi des mesures typiquement libérales, visant à desserrer le carcan des protections sociales qui rendent le marché du travail si rigide : ainsi le droit, accordé aux entreprises de moins de vingt salariés, de licencier discrétionnairement les nouveaux embauchés pendant une durée de deux ans. Cette dernière mesure ne serait vraiment choquante que si la norme était restée celle des contrats à durée indéterminée (CDI). Or, aujourd'hui, 70 % des embauches sont faites sur la base de contrat à durée déterminée (CDD). Suspendons provisoirement notre jugement en attendant les résultats. Au-delà, peut-être faudra-t-il s'engager, comme le préconisait le rapport Camdessus, dans la voie d'une unification des deux types de contrat, dans un processus protégeant le travailleur plutôt que le travail lui-même.

J'aurais pu appeler ce livre *l'Acédie française*. Imaginez pourtant la tête de mon éditeur à cette nouvelle. L'acédie, dans le vocabulaire de l'Église, est une sorte de mélancolie morbide qui assaille parfois les moines, accompagnée d'une perte de vouloir-vivre et d'un morne découragement devant les difficultés de l'existence. En dépit de l'anthropomorphisme que suppose l'extension du mot à la nation tout entière, il me semble qu'il désigne assez bien le mal dont nous souffrons collectivement. Rien dans la situation française ne justifie objectivement un tel pessimisme. Rien d'insurmontable, en tout cas. Si j'avais voulu faire un tableau équilibré de l'état actuel de la France au lieu du cri d'alarme que j'ai voulu lancer, je n'aurais pas manqué d'énumérer les atouts dont elle dispose : l'habileté de ses ouvriers, l'inventivité de ses ingénieurs, la hardiesse de ses entrepreneurs, l'intelligence de ses chercheurs ; une démographie qui se maintient à un taux honorable ; un patrimoine culturel et monumental unique au monde ; la richesse de ses sols et la beauté de ses paysages ; une langue qui fait le bonheur de ses usagers en dépit des injures du monde moderne ; la civilisation et le raffinement de ses mœurs ; malgré des phases de découragement, comme celle que nous traversons, des capacités d'enthousiasme soudains qu'elle ignore elle-même.

Somme toute, un pays cyclothymique, qui érige ses contradictions à la hauteur d'un art de vivre. Si je devais résumer brutalement mon diagnostic, voici ce que je dirais.

Oui, la France est en déclin ; ce déclin est mesurable. Il touche aujourd'hui presque tous les domaines de la vie publique, en particulier l'économie, mais aussi la culture et la diplomatie.

Non, ce déclin n'est pas irréversible, car ses causes ne sont pas pour l'essentiel matérielles ; elles sont psychologiques et morales.

Et si je devais former un vœu, et pourquoi pas, une adjuration, j'ajouterais : Oui, les élus doivent faire preuve de courage en disant en toutes circonstances la vérité aux Français, en les traitant en citoyens responsables de leur destin, et non en enfants apeurés, demandant assistance en toute occasion.

Non, les citoyens ne doivent plus accepter de se faire les complices de la démagogie des élus, prêts à tous les mensonges pour se faire réélire. Car si l'élection est la gloire de la démocratie, la réélection est le cancer qui la ronge. La politique ne saurait être un métier ; elle doit demeurer un service.

Je viens d'écrire que les causes de notre déclin, du sentiment de malheur qui l'accompagne, ne sont pas irréversibles, car elles sont principalement subjectives. Je me demande après coup si je ne suis pas trop optimiste ; si ce n'est pas cette subjectivité qui rend notre malheur indéracinable. Le déclin ne va pas sans une étrange douceur, qui s'insinue dans l'âme et mine la volonté de vivre.

La vérité n'est pas gaie, dit Renan, et le mensonge a toutes les séductions. Ah, le désir de ne pas savoir ! En son for intérieur, le moribond se sait condamné. Mais au niveau superficiel de sa conscience, il ne doute pas qu'il va survivre. Dans la solitude de la nuit, il est tétanisé par la terreur. Au matin, les gestes de la vie quotidienne, les allées et venues des infirmières, le paysage qu'il contemple par la fenêtre l'arrachent à ses angoisses. Où est la vérité ? Dans l'évidence du paysage ou dans la certitude de sa mort prochaine ?

Sommes-nous donc des moribonds, que nous détournions systématiquement la tête quand la vérité se présente ?

Et pourtant nous ne sommes pas en train de mourir. Mais nous faisons comme si, en refusant une vérité qui n'est pourtant pas toujours si sombre.

En finirons-nous jamais avec le double langage de la vie publique française ? Traînerons-nous toujours comme un boulet d'immobilisme cette double comptabilité idéologique, qui permet aux démagogues de fleurir sur les ruines de notre déclin et de faire la navette entre le pur opportunisme et l'imposture utopique ?

Dans la plupart des domaines, nous nous sommes habitués à vivre sous le régime de la double croyance, celle qui permet d'emmagasiner un assemblage hétéroclite de convictions qui ne nous engagent pas. Nous croyons et nous ne croyons pas, voilà notre malheur. Dans un livre incisif, Paul Veyne avait mis au jour les mécanismes de la mauvaise foi dans la société grecque[1] : celle qui permettait à la fois de croire aux dieux de l'Olympe quand il s'agissait de la vie publique et de ne pas y croire, quand chacun rentrait dans son for intérieur. Telle était la fonction de mensonge civique dévolu à la religion dans les sociétés antiques ; fonction qui est assumée chez nous par l'idéologie.

Je n'oublierai jamais la conversation que j'eus un jour en Kabylie, aux beaux temps de la « pacification », avec des responsables de village. Pendant tout le débat organisé que nous eûmes, ils défendirent devant moi, avec une conviction qui avait toutes les apparences de la sincérité, la vision du Paradis dans la religion musulmane. Mes responsables villageois croyaient dur comme fer à leurs mensonges tout en les considérant comme des mensonges. Une fois l'entretien terminé, je fis quelques pas avec eux.

« Ainsi, leur fis-je, la mort n'est pour vous qu'une épreuve de passage vers un univers meilleur ! C'est magnifique ! » Alors tous de me répondre, avec la même conviction : « Mais mon lieutenant, vous n'y pensez pas ! Après la mort, tout est fichu, tout est fini ! »

Nous autres Français sommes les Grecs – ou les Kabyles – de notre monde occidental. Nous appliquons à l'univers politique la double croyance, irréductible, que nourrissent la plupart des peuples

---

1. *Les Grecs croyaient-ils à leurs mythes ?* Le Seuil, 1983.

quand il s'agit de religion. Catholique et athée depuis toujours, la France est en outre socialiste et individualiste, toujours prête à voter pour un avenir radieux, dans l'intime conviction qu'il n'adviendra jamais. Peu de pays, je l'ai déjà dit, nourrissent une telle passion de l'égalité, associée à une recherche effrénée de privilèges de toutes sortes. Nous sommes, nous autres Français, les schizophrènes de l'Occident. Et nous n'avons guère envie de guérir.

La conséquence pratique de cette attitude d'esprit ? La mobilisation simultanée de l'esprit conservateur et de l'esprit révolutionnaire contre toute réforme. Ne nous racontons pas d'histoires : le double jeu de la plupart de nos politiques aurait depuis longtemps été mis au jour et balayé s'il n'avait trouvé dans l'âme des Français une complicité secrète. C'est ce que les étrangers appellent notre cynisme. C'est ce que j'appelle notre malheur.

Il n'y a pas de pacte social possible entre les Français, aussi longtemps qu'ils ne vivront pas sous le régime d'une vérité commune. Rétablir un contrat entre les citoyens doués de raison, c'est d'abord leur faire voir la même réalité. Que cent opinions fleurissent, je le veux bien, je l'appelle de mes vœux, mais sur la base d'un constat commun. Les intellectuels ont un devoir, et un seul : faire prévaloir la vérité qui seule peut unifier dans un vouloir commun des esprits doués de raison, rétablir entre les Français un régime d'historicité commun, qui leur donne l'envie d'une espérance commune.

J'écris ces lignes en cette fin d'août 2005, tandis que le parti socialiste prépare dans un détestable climat de méfiance et même de haine les prochaines échéances électorales. Cette haine, le mot n'est pas trop fort, ne prospère que sur un fond de dénégation du réel. Ainsi, tout ce qui s'est passé depuis seize ans n'aura servi à rien. Depuis la chute du mur de Berlin, les illusions se sont effondrées et les impostures ont éclaté au grand jour. Et pourtant je vois que l'on dénonce les plus généreux d'entre nous, un Rocard, un Kouchner, comme des modérés, prêts à des compromissions. Ah ! ils n'ont pourtant pas passé de compromis avec le mensonge ! Ah ! ils n'étaient pas modérés quand il s'agissait de combattre la torture, le colonialisme, le fascisme intérieur ; quand il a fallu venir au secours des vaincus et des humiliés, des réfugiés, des affamés et de toutes les victimes de la tyrannie.

Ce sont eux qui se sont révoltés contre le malheur, et non les petits maîtres gourmés du souverainisme, ni les grands bourgeois prolétaroïdes esclaves de leur ambition, ni les aboyeurs cyniques du double jeu mollétiste.

Dirai-je ici que l'avenir du parti socialiste m'importe moins que celui de la nation ? Affirmerai-je tout net que l'avenir de la nation ne dépend pas uniquement de celui du parti socialiste ? Et que la gauche vaut mieux que ceux qui prétendent la représenter ? Le premier mot d'ordre aujourd'hui, c'est la révolte contre notre malheur, qui n'est que la soumission à tous les mensonges ; à ceux des politiciens bien sûr, mais aussi aux nôtres propres. Nous autres qui avons fait du combat contre le mensonge la raison même de notre engagement ; nous autres que l'on a vus marcher au canon, au milieu des risées, chaque fois qu'un homme, d'où qu'il vînt, et quoi que par ailleurs il crût, prenait des risques pour la vérité ; nous autres, les naïfs de toujours et les éternels enfants déçus de la politique, nous les athées de l'idéologie et les dévots de l'humanité, nous savons, pour l'avoir éprouvé, que le combat contre l'imposture ne sera jamais définitivement gagné ; nous savons, pour l'avoir vécu, que le combat pour la justice sociale est inséparable de la révolution intellectuelle et morale à faire et à refaire en chacun de nous ; mais nous savons aussi, d'un savoir inébranlable, que c'est là le seul combat qui importe, en dehors duquel la politique ne vaudrait pas une heure de peine.

## Table des matières

I. Un printemps pourri .............................. 9
II. La France et le monde moderne :
     histoire d'un divorce ........................... 39
III. Le spectre du déclin ........................... 69
IV. Que faire ? ........................................ 103

··· SAGIM · CANALE ···

Achevé d'imprimer en octobre 2005
sur rotative Variquik
à Courtry (77181)

*Imprimé en France*

N° d'édition : FF 895601
Dépôt légal : octobre 2005
N° d'impression : 8857

L'imprimerie Sagim-Canale est titulaire de la marque
Imprim'vert© 2005